梅西 王者

LEO MESSI

直笔体育巨星系列

典藏版

杨健 著

北京时代华文书局

图书在版编目（CIP）数据

王者梅西 / 杨健著. -- 北京：北京时代华文书局，2021.7（2021.8 重印）
ISBN 978-7-5699-4236-1

Ⅰ.①王… Ⅱ.①杨… Ⅲ.①梅西－传记 Ⅳ.①K837.835.47

中国版本图书馆 CIP 数据核字（2021）第 117239 号

王者梅西
WANGZHE MEIXI

著　　者	杨　健
出 版 人	陈　涛
选题策划	董振伟　直笔体育
责任编辑	周连杰
执行编辑	王　昭　王振强　马彰羚
责任校对	陈冬梅
装帧设计	程　慧　迟　稳　王艾迪
责任印制	訾　敬

出版发行	北京时代华文书局 http://www.BJSDSJ.com.cn
	北京市东城区安定门外大街 138 号皇城国际大厦 A 座 8 楼
	邮编：100011　电话：010 - 64267955　64267677
印　　刷	小森印刷（北京）有限公司 010 - 80215073
	（如发现印装质量问题，请与印刷厂联系调换）
开　　本	710 mm×1000 mm　1/16　印　张	15　字　数	244 千字
版　　次	2021 年 7 月第 1 版　印　次	2021 年 8 月第 3 次印刷
书　　号	ISBN 978-7-5699-4236-1
定　　价	90.00 元

版权所有，侵权必究

本书部分图片因无法联系上版权所有者，请所有者与出版社联系支付相关费用。

序 如果没有梅西

对于一名职业生涯远未终结的巨星而言，树碑立传或许略显不合时宜，但对于梅西而言，何时何地为其回溯过往、盘点人生，都并不过分——34岁的梅西，职业生涯绝大多数片段，都是值得大书特书的传奇。

从1987年降生在经济低迷前夜的阿根廷，到2021年收获第一个阿根廷国家队冠军；从2000年与巴萨签订第一份合同，到2021年离开巴萨。梅西的足球故事，无疑充满着传奇。是荣誉不停的收割，也是英雄不断的成长。

在巴萨，梅西是毋庸置疑的人生赢家：35个冠军头衔，俱乐部出场和进球双料纪录的持有者，历经两代巴萨"梦之队"，2008年后实质意义上的全队第一人，获得的6个金球奖，几乎全部源自俱乐部表现，尽管并非出生在加泰罗尼亚，但梅西却堪称巴塞罗那的城市名片，乃至整个加泰地区的精神象征之一。从初出茅庐，到臻于大成，梅西与巴萨精诚协作的这些年，完美诠释了何为"互相成就"。

然而当梅西褪去巴萨的红蓝球衣，从伊比利亚半岛，来到浪漫的法兰西。梅西，注定要在这里开启一段新的篇章。

一生成败，任人评说，每个人的心目中，都有一个独一无二的梅西。然而，倘若这个世界没有梅西，又会是怎样一番情景？

如果没有梅西，似乎没有什么太大的影响，不过这个世纪的足坛少了一位超级

巨星，6届金球奖会另有他人，但总会有人顶上。

如果没有梅西，几乎所有现役球员的地位都会提升一档。内马尔不必为"梅西王储"的过往苦恼，姆巴佩会是少年得志的最佳代言人，C罗是现役最强，没有之一。

如果没有梅西，巴萨会少拿许多冠军，少了许多经典时刻。说称霸，不会有"梦三队"；说冠军，不会有"六冠王"；说青训，不会有拉马西亚；说战术，不会有"Tiki-Taka"。传控催眠，欧冠决赛全胜，99分问鼎西甲，通杀四大联赛冠军……这些经典，都不会存在。

如果没有梅西，巨星的凡人生活，会少了许多烟火气。成长时，不会有为生长素举家犯难的窘迫；恋爱时，不会有和安东内拉长达10年的跨国恋；成家时，不会

序　如果没有梅西

有稳重的蒂亚戈和马特奥相伴左右；成名时，不会有 20 年如一日担任经纪人的父亲豪尔赫。

如果没有梅西，阿根廷国家队的豪强地位将空前动摇。脍炙人口的世青赛摘金、奥运会卫冕都将是一场空谈；四届世界杯征程唯一拿得出手的亚军，恐怕都难于触及；巴蒂斯图塔的国家队进球纪录，仍将成为蓝白后辈高山仰止的存在；2021 年美洲杯的夺冠盛景，或许也不会成为现实。

如果没有梅西，百余年近代足球史诸多无可撼动的纪录，将继续在名人堂和先贤祠沉睡。穆勒仍可独享他的自然年进球纪录；哈维仍是巴萨队史出场次数第一人；拉莫斯、博阿滕、范德萨和卡西利亚斯，都不再会是梅西绝妙进球的背景板。

二十年以来，加泰罗尼亚以梅西为加泰人，阿根廷以梅西为罗萨里奥人，马拉多纳以梅西为接班人，更多球迷以梅西为冠军的代言人、纪录的书写人。一个梅西，30 岁前已然无所不有，30 岁后更上下求索，屡败屡战，知其不可，逆天而行。

他是宠儿，也是弃儿；他是赢家，亦是败者；他是传奇，更是凡人。

幸甚至哉，足球的历史有一个梅西。

幸甚至哉，我们的心中有一个梅西。

目录
CONTENTS

1 第一章 | 此真天上麒麟儿
- 英才生来骨定奇　2
- 小荷才露尖尖角　6
- 又携书剑路茫茫　10
- 天下风云出我辈　14

2 第二章 | 少年壮志不言愁
- 大鹏一日同风起　22
- 银鞍白马度春风　27
- 雏凤清于老凤声　32
- 情定蓝白难自弃　38

3 第三章 | 十年磨剑今朝试
- 一人独挡百万师　48
- 伤卧孤村不自哀　54
- 携剑长啸出神州　60
- 奉命危难诺千金　65

4 第四章 | 皇图霸业谈笑间
- 千军万马避蓝袍　74
- 不破楼兰终不还　80
- 飞来天外有鹰扬　86
- 梦里不知身是客　94

第五章 我如天火降人间

- 桃园一梦终须醒　　104
- 倚天跨海斩长鲸　　112
- 应思膝下频兴慨　　120
- 难酬壮志凭孤剑　　127

第六章 江湖夜雨十年灯

- 相逢意气为君饮　　138
- 千古非常奇变起　　144
- 双骄并世谋一醉　　151
- 道是无情却有情　　156

第七章 风流雨打风吹去

- 将军百战声名裂　　166
- 四朝开济老臣心　　172
- 无可奈何花落去　　178
- 大难临头各自飞　　184

第八章 零丁洋里叹零丁

- 平地一声惊雷动　　192
- 长使英雄泪满襟　　197
- 黑云压城城欲摧　　203
- 只需一笑不须愁　　207

后记：圆梦，以及离别时　　212

- 梅西巴萨十大经典比赛　　215
- 梅西阿根廷队十大经典比赛　　221
- 梅西单赛季出场进球数据统计　　228
- 梅西巴萨数据统计　　230
- 梅西荣誉汇总　　230

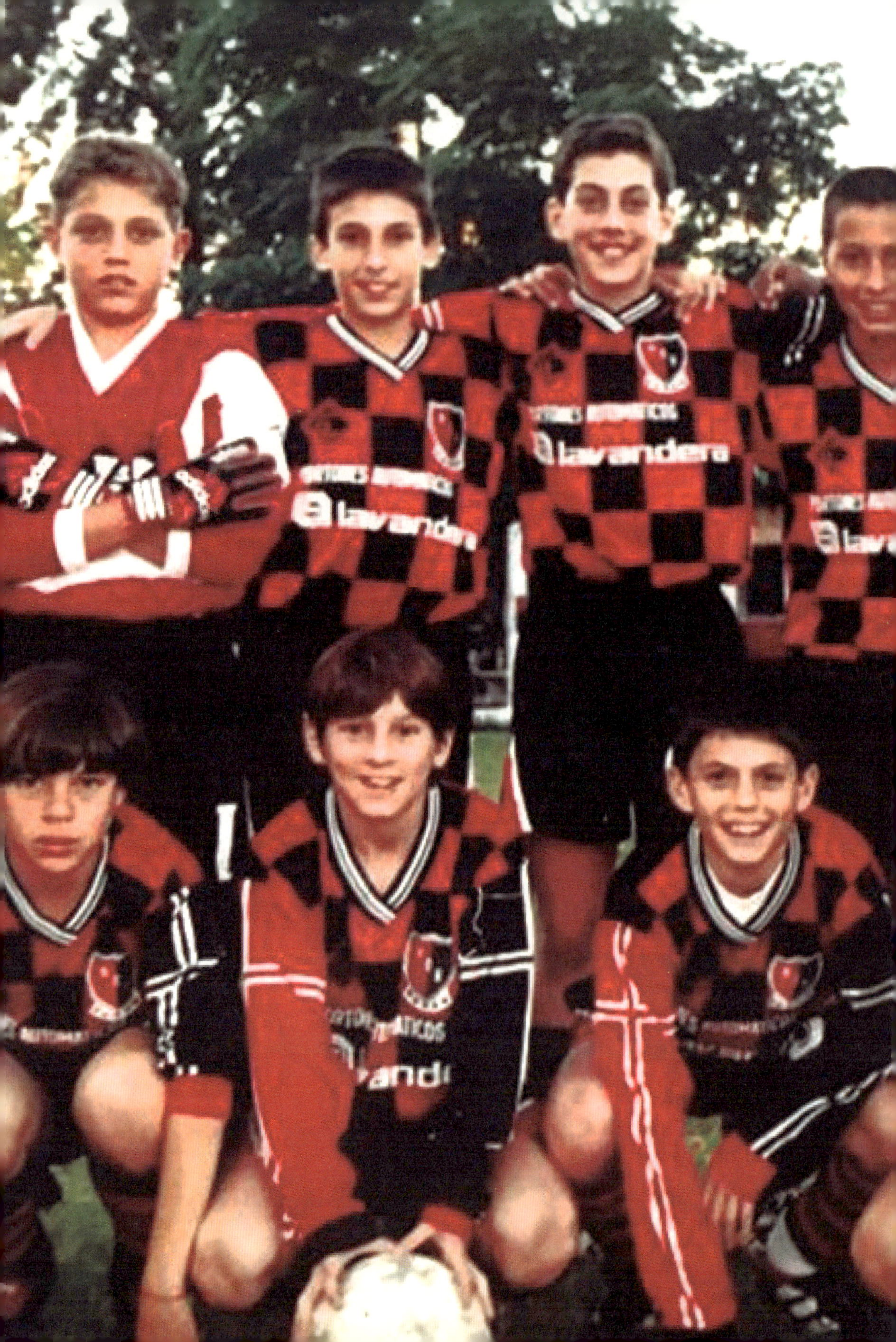
lavandera
lavandera

第 一 章

此真天上麒麟儿

英才生来骨定奇

如果没有梅西，1987年之于阿根廷，注定是一个不值得回忆的年份。

一年前，马拉多纳在阿兹特克球场捧起大力神杯，然而就在1987年，精英尽出的世界冠军，在家门口举办的美洲杯被乌拉圭淘汰出局。足球带给阿根廷人的短暂快乐，并不足以消融眼前的苟且：民主派和军队在政坛持续斗法，政府朝令夕改，20世纪初GDP还曾名列全球前10的阿根廷，不可避免地因内耗日渐衰落：罢工在整个国家蔓延，持续不断的爆炸案，更令大街小巷人心惶惶，其中也包括豪尔赫·梅西——两年前，在罗萨里奥市宪法镇工作的他，侥幸与一颗炸弹擦肩而过。

然而，那时的豪尔赫，已经顾不得回忆生死瞬间，他更焦虑的，是即将临盆的妻子塞丽娅·库奇蒂尼，此前的多次孕检，医生都警告胎儿宫内窘迫，分娩时可能要借外力催生。虽然已经有了两个儿子罗德里戈和马蒂亚斯，但豪尔赫夫妇仍旧紧张不已，所幸，医生的预言没有成真。6月24日，在这家意大利诊所里，身长47厘米、体重3600克的梅西呱呱坠地——尽管小家伙的面庞远比寻常新生儿来得红润，一只耳朵也在出世过程中被挤弯。

然而，这个呱呱坠地的男婴，在出生最初的几天里，却面临着没有名字的尴尬：豪尔赫本来和赛丽娅商量起名"Leo"（后文统称"莱奥"），但豪尔赫在诊所的新生儿名字表里，一眼看到"Lionel"（后文统称"利昂内尔"）后立马动摇了，毕竟，这个英语名字更加洋气，为了孩子的"冠名权"，夫妇俩甚至还吵了嘴。

王者梅西

M 但20年后，当年的鸡毛蒜皮，早已无足轻重，无论是大名"利昂内尔"，还是绰号"莱奥"，都成为梅西的专用指代名词，一样响亮。

出生时略经磨难的梅西，成长倒是格外茁壮：9个月时，开始蹒跚学步，长到65厘米时，已经能自己走上街，跌跌撞撞地追着哥哥们。然而，小莱奥探索世界的旅程并不平坦，一辆不期而遇的自行车，将懵懂的他撞倒在地，虽然没有当场哇哇大哭，晚饭时梅西却开始不住地哭闹，豪尔赫带着梅西去了诊所，才发现儿子的左前臂尺骨已经骨裂。不过这次过早的受伤，之于梅西走上足球道路倒没有更多影响：1岁生日时，已经会奶声奶气叫着全家人的梅西，收到了人生第一件球衣——红黑相间的纽维尔斯老男孩队主场战袍。而两年之后，吹灭第三根生日蜡烛的他，得到了人生第一个足球——尽管球只是儿童尺寸，宛如红宝石的配色也略显滑稽。

在玩具并不多的童年，足球自此成了梅西最忠实的伙伴。如果球不在身边，他就会坐卧不安，哪怕母亲让他去商店买东西，小梅西也会一路盘带呼啸而去。如果无球可踢，梅西就把纸袋、袜子等一切可以卷成球形的东西拿来踢。担忧儿子玩物丧志的豪尔赫，不止一次鼓动罗德里戈和马蒂亚斯，让他们带着弟弟去骑单车、打弹珠甚至玩电子游戏，但梅西都是浅尝辄止，真爱只有足球一个。

"4岁时，我们第一次感受到了莱奥的天赋，不用几次练习，他就能轻松地让球乖乖地躺在脚下，再大一点的时候，他开始和两个哥哥对抗，而且总能在他们身前'跳探戈'。"回想往事，豪尔赫的自豪之情溢于言表。而梅西的二哥马蒂亚斯也佐证了

第一章 此真天上麒麟儿

父亲的记忆:"莱奥刚开始踢 5 号足球时,我们都幸灾乐祸地等着看他出丑,因为球几乎比他的膝盖还高,然而球仿佛是跟着莱奥在跑,那个场景简直美呆了,每个亲历过那个场面的人,绝对都想再看第二次。"

生来就和足球结下不解之缘的梅西,无疑是阿根廷版的大空翼。经过近一年的无师自通,1992 年,梅西家的三儿子、脸色比番茄还红、罗萨里奥市以色列大街 525 号的小球王,首次走出街头,来到球场,正式出道!

小荷才露尖尖角

"他从小就是个淘气包，而且在任何方面都不想输，我们玩纸牌时最不想和莱奥一起，因为他迟早会作弊，如果他没有赢，他会把牌甩得满屋子都是。"回忆起学龄前的莱奥，梅西的母亲赛丽娅有着阿根廷人独特的幽默感。但那时的梅西已经在街头足球里像个人生赢家：豪尔赫家的三个孩子，在和表兄弟们的对决时总是赢球，而梅西则是进球最多的那一个，哪怕"球门"只是两块石头，场地只是柏油路面，但梅西能和哥哥们连续踢上4个小时不厌倦。

小莱奥的天赋肉眼可见，但这个一头金发、闷头带球的小家伙，还不到接受专业足球训练的年纪。当地小有名气的业余俱乐部格兰多利，最低的年龄组别也是5-7岁，选拔一向以严格著称。梅西的大哥罗德里戈，直到11岁才和格兰多利正式签约。梅西曾不止一次地来到格兰多利的训练场，一边对着墙踢着球，一边出神地看着正在比赛的小哥哥们。眼见外孙跃跃欲试，带着梅西来踢球的外祖母，找到了格兰多利的负责人萨尔瓦多·阿帕里西奥，要求只有三个字："让他上。"

"他太小了，女士，他会受伤的。"面对阿帕里西奥的拒绝，梅西的外祖母做出保证，如果梅西哭了或者吓着了，就马上带他走。于是，在孩子堆里最矮的梅西，懵懵懂懂地走上了球场，球第一次来到他脚下时，不知所措的他一动不动，但当队友第二次将球传到他脚下时，伸出左脚控制住球的梅西，一路沿着边路盘带，过掉了所有挡在他前面的小球员，任由阿帕里西奥大喊"传球"，不为所动的梅西还是一脚将球送进网窝。

M 那场比赛，梅西梅开二度，而这只是他职业生涯无数次独中两元的起点。自此之后，格兰多利俱乐部满是石头和玻璃碎片的球场上，多了一个风驰电掣的小家伙。每逢训练日，梅西都会一手挽着祖母，一手夹着足球，在训练开始前喝上一杯提神的马黛茶，成了祖孙两代独有的默契。

遗憾的是，就在梅西越级进入青训梯队后不久，外祖母被查出患有阿尔茨海默病，逐渐失去记忆的她，不再记得和外孙的约定，甚至连正常说话都做不到。1998年5月4日，就在梅西迎来11岁生日前51天，他足球生涯的第一位贵人，永远地阖上了双目。葬礼上，不善言辞的莱奥趴在棺材上失声痛哭，而姨妈马塞拉至今还记得外甥的悲痛："我从没看到梅西如此伤心，至今回想起那个场景，我都忍不住掉眼泪。"

自此之后，10岁的梅西在进球后，多了一个庆祝动作，双手食指上扬指天，默默祈祷。这是他和天堂里的外祖母沟通的独特方式，从10岁，到34岁，始终如一。

最亲的人离世，之于梅西是打击，更是激励。不久，他就成为格兰多利队内最耀眼的明星，在当地的少年组别比赛里，穿着红白球衣一路盘带杀到禁区、射门得分的梅西，哪怕被对手恶意犯规放倒，也从不抱怨，而是站起来继续追着球。这让阿帕里西奥格外自豪："我不是发现梅西天赋的那个人，

第一章 此真天上麒麟儿

但我是第一个把他派上场的人。"而更加自豪的自然是豪尔赫，在成为当地一家钢厂经理前，他曾在纽维尔斯老男孩青训营待了4年，是一名非常可靠的中场，然而义务兵役的到来，让豪尔赫不得不脱下球衣，穿上军装，待到4年后服役期满，早已和昔日的队友形同陌路。

戛然而止的黑白理想，让豪尔赫将未竟之梦寄托在了更有天赋的三儿子身上，父子俩最享受的沟通方式，就是豪尔赫拿出珍藏许久的马拉多纳比赛录影带，放给莱奥看，但和众多视马拉多纳为终身偶像的阿根廷球员不同，少年时代的莱奥，对迭戈并没有特殊情绪。在一段12岁时的采访视频中，在被问及谁是自己的偶像时，梅西给出了使两个令记者备感错愕的回答："我的父亲，还有我的教父克劳迪奥。"

然而，梅西略显闪躲的回答，并没有阻止"王不见王"的发生：1993年，马拉多纳结束了在西班牙和意大利的11年旅程，重返阿根廷。而他的首个落脚点，就是纽维尔斯老男孩。10月7日，马拉多纳在老男孩队同厄瓜多尔球队埃梅莱克的比赛中登场，梅西则在看台上目睹了马拉多纳精彩的凌空抽射破门。比赛期间，老男孩队安排了一位小球童在中场进行颠球表演，为"球王"荣归故里助兴。时隔多年，不少怀着美好愿景的球迷，认定那个承前启后的男孩就是梅西。

遗憾的是，梅西多年后亲口否认了这个美丽的误会："那不是我。"在座无虚席的看台上，梅西是不怎么追星的那一个，他甚至记不得那场比赛的比分和进球者了。

又携书剑
路茫茫

马拉多纳在纽维尔斯的短暂逗留,只是梅西少年时代的小插曲,格兰多利的小球王已经不满足和同龄人同场竞技,开始缠着父亲和钢铁厂的同事一起比赛。1994年,格兰多利的负责人听闻豪尔赫曾在纽维尔斯老男孩受训,便邀约他担任青训队——即梅西所在的梯队担任教练,豪尔赫一口应允。于是,父子俩之间又多了一重身份:主帅和球员。

知子莫若父,在为时一年的任期里,豪尔赫最大限度地尊重了儿子的自由,小莱奥不必去做那些烦琐的训练,可以按照自己最舒服的方式比赛,这一年间,梅西和队友们赢得了同年龄段全部赛事的冠军,而梅西的表现用豪尔赫的话说:"他就像灯塔一样闪耀!"

此时的梅西,已经是罗萨里奥小有名气的童星,几乎所有球探都知道以色列大街住着一位"1987年进球机器",7岁到13岁的6年间,梅西在各项少年赛事中打进了超过500球,而他的球感可以用两个小故事佐证:前纽维尔斯技术总监罗赞曾许诺梅西每颠球100个,就奖励一个冰激凌,结果那天下午,他买了整整11个。

一场少年联赛里，格兰多利主帅告诉梅西："用脚进一个球可以给你一块巧克力曲奇，但用头进球，就给你两个。"于是一路突破、晃过门将的梅西，在球门线前颠起球、头顶入网，然后远远地向教练伸出两个手指……

更令豪尔赫欣慰的是，莱奥秉承了梅西家族低调、谦逊、务实的家风，梅西的祖父是一名建筑师，而改行制造业的豪尔赫，继承了父亲的严谨，虽然不苟言笑，但待人谦逊、工作勤勉，这也深深影响了儿时的莱奥。成人后的"梅球王"，固然羞涩内向，但礼貌、随和的处事风格始终为各界盛赞，面对困境时，梅西也表现出和年龄、外表不相称的冷静、容忍与克制。此时的豪尔赫，固然为儿子心智的成长喜悦，但身高的发育，却让豪尔赫格外担忧：7 岁的梅西，身高仅有 1.22 米，在格兰多利首发阵容中是最矮小的一个，促狭的队友给莱奥起了一个略有恶意的绰号——"小跳蚤"。

侏儒症？不祥的预感笼罩在豪尔赫心头。梅西家族并没有遗传史，父母身高也都正常，小莱奥运动量远比同龄孩子多，母亲赛丽娅拿手的意大利面、意大利方饺、西班牙香肠和小牛肉，虽然只是家常味道，但莱奥从不挑食。在持续了 4 年的缓慢生长后，诊断结果印证了豪尔赫的担心：11 岁的梅西，1.32 米，30 千克，因生长激素分泌不足，体形和 8 岁的孩子基本相当。此后的三年里，每天晚上梅西一家饭后的第一件事，是从形似"铅笔盒"的针管盒里，取出生长激素，对准梅西的股四头肌，开始皮下注射。

坚强的梅西面对针头从没掉过眼泪，但豪尔赫的眉头却多了不少皱纹：此前担任钢厂经理的豪尔赫，月薪有 1600 比索，是体面的中产家庭，然而，梅西每月的生长激素开支高达 900 比索，纵然豪尔赫有两份保险，也禁不起如此旷日持久的开销。祸不单行的是，新世纪来临前，阿根廷陷入严重的债务危机，国家信用濒临破产，比索持续贬值，梅西一家已入不敷出。无力付保的政府，显然不会为梅西的医疗费用买单，想要继续踢球，唯一的可能性就是尽早和职业俱乐部签约，然后负担梅西的医疗支出。

一文钱难倒英雄汉，900 比索同样能让阿甲联赛的豪门们退避三舍。豪尔赫带着莱奥去首都布宜诺斯艾利斯试试运气，但河床队试训负责人一看到梅西如此矮小，

第一章 此真天上麒麟儿

便给出了豪尔赫无法辩驳的回绝："我们想招 16 岁左右的球员，而莱奥才 12 岁。"而在最早发现梅西才华的纽维尔斯，老男孩队起初承诺支付梅西的医疗费用，但当失败的首都试训结束后，他们立马变了卦，囊中羞涩的豪尔赫没有如愿得到梅西的合同，只拿回了 300 比索。"那一刻，我就像是在乞讨。"豪尔赫说。

"当我 9 岁时，我幻想着穿上纽维尔斯的 9 号战袍，在比赛仅剩 5 分钟时上场，然后打入决定联赛冠军的进球。"多年后，梅西对儿时挚爱的纽维尔斯仍旧从一而终，但回忆中却满是唏嘘和无奈。而几经碰壁的豪尔赫，终于意识到阿根廷国内糟糕的足球氛围，已经无法维持梅西的球员之梦。世纪之交，数以万计的阿根廷人在积蓄不断缩水后，只得背井离乡、远涉重洋，来到西班牙讨生活，豪尔赫也是其中一员，在被国内球队拒绝的同时，一位球员中介人留给了梅西一家一张名片，上面是著名经纪人明格利亚的电话，后者当时最著名的客户，是 1999 年金球奖和 FIFA 足球先生双料得主、效力于巴萨的巴西巨星里瓦尔多。

抱着试试看的态度，豪尔赫拨通了对方的电话，并得到了试训的邀约。父子俩坐上了前往加泰罗尼亚的航班，那里曾是梅西家族来到阿根廷前的定居之地，从罗萨里奥到布宜诺斯艾利斯的长途汽车，再到 8 个多小时的越洋航班，莱奥几乎哭了一整天。毕竟，13 岁之前，备感家庭温暖的莱奥，第一次要和家人分开了。

天下风云
出我辈

"你踢什么位置?"

"经典前腰。"

"我听不懂,你在说什么?"

此前,豪尔赫推销儿子的方式,是一盘录影带,里面记录了不满13岁的梅西连续颠了133下橘子,又轻松地连续颠了140下网球,甚至连从未接触过的乒乓球,梅西也颠了29次之多。这段"卖艺"般的炫技,也放在了明格利亚的办公桌上。常年在南美活动,发掘了无数天才的经纪大鳄,看完后只说了一句话:"让那个男孩赶紧来!"

2000年9月18日,豪尔赫和梅西抵达巴塞罗那。但明格利亚并没有直接安排梅西接受巴萨面试,而是"迂回前进"。在和时任巴萨体育总监的雷克萨奇打网球时,明格利亚漫不经心地提起了梅西的名字:

"嘿,我发现了又一个马拉多纳。"

"他多大了？"

"13岁。"

"你疯了吧？没门！"

如今看来，雷克萨奇最初的反应，委实有些武断粗暴。然而，球员时代曾和克鲁伊夫共事、退役后长期担任"球圣"助手，甚至代理过一队主帅，雷克萨奇的见识乃至执教过的天才车载斗量。尤其此时巴萨一队正因菲戈出走陷入动荡，雷克萨奇的首要任务是配合主席加斯帕特稳住大牌球星们，考察一个来路可疑的毛孩子，显然是次要得不能再次要的小事。

然而，架不住明格利亚的循循善诱，以及巴萨青训负责人加吉奥利的坚持，雷克萨奇终于同意看一场梅西的比赛，但从球员通道到教练席不到5分钟的路上，目不转睛的雷克萨奇始终聚焦在梅西身上。"在场上，梅西是另一个人，一个为胜利而生的球员，出类拔萃，一往无前。"比赛还没结束，雷克萨奇给巴萨梯队每一位教练发去了信息："我们必须签下他！"

但事情并不总是一帆风顺，梅西可以用5分钟征服雷克萨奇，却不能为自己争取一份青训合同。被球迷怒斥为"史上最差主席"的加斯帕特，听到有关梅西的汇报后，当面训斥雷克萨奇不知轻重："别烦我！他进一线队还得8-10年，到时候谁还记得我们？"

障碍绝不只主席一人，梅西来自阿根廷，在拿到西班牙国籍前无法建立球员档案；此时巴萨各级梯队预算只有1300万欧元，梅西的生长激素费用严重超标。更倒霉的是，梅西还在巴萨C队的比赛里腓骨骨折，两个月没法踢球。豪尔赫每次和巴萨梯队谈起签约，对方只会象征性地回答一句"明天再说"。面对儿子失落的目光，老爸不得不抄起电话，给皇家马德里足球俱乐部（以下简称"皇马"）和马德里竞技足球俱乐部（以下简称"马竞"）的球探打去了电话。

第一章 此真天上麒麟儿

M 3个月一晃而过，距离圣诞节只剩10天，梅西父子等来了最惊喜的圣诞礼物。

在明格利亚的网球俱乐部里，雷克萨奇约来加吉奥利和豪尔赫，深入恳谈后，要来一张餐巾纸，郑重地写下了协议："尽管目前（俱乐部内部）还有不同意见，但本人雷克萨奇——巴萨俱乐部体育总监——承诺会签下球员梅西，金额以我们之前谈好的为准。见证人：明格利亚，加吉奥利。巴塞罗那，2000年12月14日。"

无巧不成书的是，在"餐巾纸签约"后不到两个星期，皇马主席弗洛伦蒂诺在

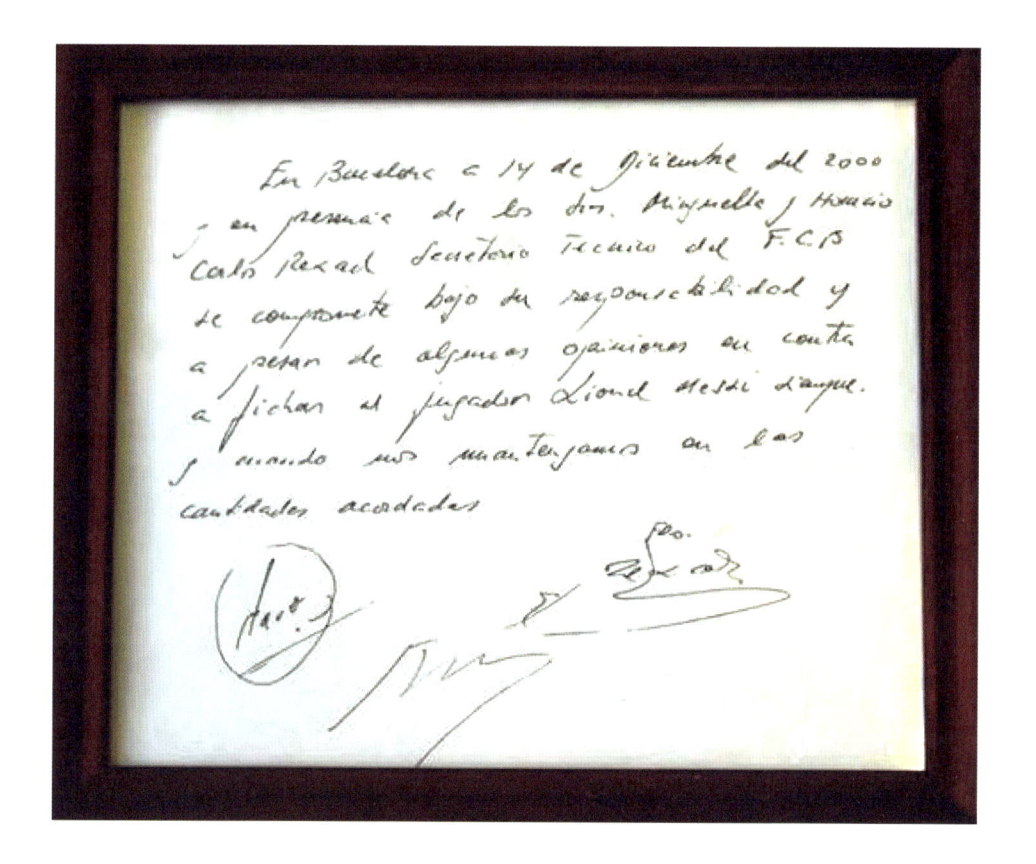

欧足联峰会上，同样在餐巾纸上写下"愿意加盟皇马吗？"递给了效力尤文图斯足球俱乐部（以下简称"尤文"）的法国巨星齐达内，并得到了后者的肯定。两代巨星的人生轨迹，竟然都被一方小小的餐巾纸轻松撬动。

比起6个月后创造世界第一身价的法国人，梅西人生第一份并不具备法律效力的合同，显得格外寒酸。但在20世纪的最后一年，这张此后被放在巴萨博物馆醒目位置的餐巾纸，为新世纪送来了一位真正的球王，巴萨、阿根廷乃至国际足球的历史也就此改写。仅凭这张纸，雷克萨奇就可跻身足球史上最伟大伯乐之列。

然而，当时的雷克萨奇显然想不到这么多："我们最坏的打算，也就是梅西和其他球队签约并且成为球星时，至少能证明我不是那个放走他的蠢货。"但令雷克萨奇备感欣慰的是，这一幕并没有发生，时任巴萨梯队教练、此后都曾执掌过一队的鲁拉和比拉诺瓦，向雷克萨奇汇报时提到最多的名字，就是梅西。而此时，巴萨青训梯队里，还有同样出色的皮克和法布雷加斯。前者的祖父曾是巴萨主席，是货真价实的天潢贵胄；后者成名更早于梅西，2003年，刚16岁的他就包揽了U17世青赛的金球奖和金靴奖！然而，两位此后冠军无数、声名烜赫的巨星，无论在青年队还是成年队，都始终是梅西的配角。

更令梅西喜出望外的变化发生在2002年2月15日，此前一直向巴萨追索梅西转会费的老男孩队，要求支付赔偿金的决定被国际足联驳回，后者支持漂洋过海的梅西在西班牙开启职业球员之路。也就在这一天，梅西在西班牙足协正式注册，一年多的"踢黑球"经历就此画上句号。

巴萨青年B队前锋，9号，利昂内尔·梅西，来了！

"人们都觉得梅西这一路走来就好像童话故事一般,但事实上,为了达到今天的成就,他一直都承受了**许多痛苦和磨难,**而这一切都让他变得更强。"

——雷克萨奇

PARA
MARI-BRUNO
TOMI-AGUS

第二章

少年壮志不言愁

大鹏一日同风起

尽管如愿成为拉马西亚的孩子，但梅西在"红蓝军团"最初的日子里，并不算万事顺遂：比赛中，梅西总试图用个人盘带解决问题，但坚持传控传统的主帅博雷尔，并不欣赏新手下的单打独斗。而在场外，俱乐部为梅西一家在卡洛斯三世大街租下了一栋豪宅，4个卧室2个卫生间、外加游泳池的配置，以及为豪尔赫安排的一份月薪3900欧元的工作，尤其是付给梅西的12万欧元年薪，还是令不少高层连呼奢侈。

尽管不会说加泰罗尼亚语的梅西，几乎和队友没有沟通，但法布雷加斯和皮克已经感受到了被梅西支配的恐怖，前者几乎无法从梅西脚下抢走球，而皮克的回忆更加不堪回首："犯规？我根本没法接近他！"然而，尽管在球场上无所不能，场下的梅西还是那个害羞、敏感的男孩。更衣室里，他会因为捣蛋鬼皮克偷走了自己的衣服急得团团转，而每次给母亲赛丽娅打去电话，梅西必定都会边哭边诉苦。

不过，困扰少年梅西的最大麻烦，在他和巴萨签约后不久便烟消云散。在经历了29个月的生长激素注射后，梅西的身高长到了1.62米，虽然依然瘦弱、体能无法坚持整场，但已勉强够得上足球运动员的体格下限，也日渐在球队的343阵形中站稳了主力前腰的位置。2002-2003赛季，巴萨一度跌落到降级圈，遭遇了21世

纪以来的最低谷，但15岁的梅西和巴萨U16一道夺得了所有参加赛事的冠军，尤其在加泰罗尼亚杯最后数场关键赛事里，在德比战与皇家西班牙人足球俱乐部（以下简称"西班牙人"）U17队的比赛中，因对方后卫粗暴犯规颧骨骨折的梅西，7天之后就戴着面具重新首发，但这个尺码偏大的面具让梅西备感不适，在一把扔掉面具后，梅西干脆利落地梅开二度，为巴萨U16后来居上登顶投下了最重的一颗砝码。

"面具之战"后，没人再去质疑梅西的天赋。当蒂托·比拉诺瓦接替博雷尔成为主帅后，他选择了和当年豪尔赫相同的无为而治的方式，让踢边路的梅西担任伪9号："担任梅西的教练，最好的方式就是老老实实坐在板凳上，让他尽情去享受足球。毫无疑问，我看到了又一个马拉多纳。"

与青年队训练场一墙之隔的巴萨一队，也开始注意到这个所向披靡的小老弟。彼时巴萨队中有三名阿根廷人，然而，时年32岁的门将博纳诺和梅西是两代人，缺少共同语言，比梅西更内向的中场大师里克尔梅，在梅西眼中是神明般的存在，对前者更多是敬畏甚至回避。只有彼时才20岁的"兔子"萨维奥拉和梅西没什么代沟。"要不要一起去吃个冰激凌？"这是两人训练结束后常见的开场白。

2003-2004赛季，巴萨球迷们迅速被新核心罗纳尔迪奥（以下简称"小罗"）的魔幻脚法所征服，而在青年梯队，梅西则开始了风驰电掣般的"跳级"。法布雷加斯和皮克先后被英超豪门挖角，失去亲密战友的梅西非但没有一蹶不振，反倒被激发出了空前斗志。原本注册在巴萨U16的梅西，先是顺理成章晋升到U17，完成11场18球的疯狂输出；旋即在联赛分组排名垫底的巴萨C队，也把梅西视作了救命稻草，于是赛季转换第三支球队的梅西，又在短暂驰援的10场比赛里打进5球。值得一提的是，在和塞维利亚C队的青年国王杯赛事里，梅西仅用8分钟就完成帽子戏法，而被他戏耍到怀疑人生的那名右后卫，名叫塞尔吉奥·拉莫斯——两人长达17年的争斗，正始于这一刻。

疯狂冲刺的梅西在半年后完成了"连升四级"的最重要一步，佩雷·格拉塔科斯的巴萨B队正式招入梅西，虽然和普遍比自己大了4岁的队友一起训练让梅西略

第二章 少年壮志不言愁

感不适，但这一年的 11 月 11 日，一个意外的机会却降临在梅西头上。巴萨受邀参加波尔图的新球场落成仪式，但一队的大牌球星们却要代表各自国家队出战，凑不齐出场阵容的巴萨主帅里杰卡尔德向格拉塔科斯求援，后者旋即推荐了梅西。

M 在首次代表一队出场的前一夜，并没有和老大哥们合练的梅西罕见地失眠了，此时距离梅西成为巴萨一员，已经过去了 2 年零 9 个月。

虽然没有出现在首发名单里，但当比赛还剩 25 分钟结束时，里杰卡尔德一手搭在梅西肩上："孩子，去热身。"心脏狂跳的梅西，穿着一件略显肥大的球衣，当他换下纳瓦罗时，看台上的父母豪尔赫和赛丽娅，已然热泪盈眶。

然而，仅有的 25 分钟里，梅西并没有上演此后被球迷津津乐道的神奇时刻，他唯一载入比赛集锦的瞬间，是从对方门将脚下断球后，面对无人把守的球门，将球传给了同出 B 队的小将奥里奥尔，略显紧张的后者挥霍了这次机会。

比赛结束，巴萨 0 比 2 败北，但梅西的表现却打动了里杰卡尔德，后者赛后专程向梅西道贺，并在发布会上表扬了素未谋面的小将："他差一点就进球了。他有极佳的天赋，前途不可限量。"而助教滕卡特和体育总监贝吉里斯坦也赞同"黑天鹅"里杰卡尔德的看法："他和罗纳尔迪尼奥能并驾齐驱！"

虽然只是友谊赛，但赛后梅西收藏了那件不合身的 14 号，并将球衣交给了母亲赛丽娅，而今，这件被裱好挂在罗萨里奥的球衣，见证着小主人生涯的起飞之时，这一天，梅西 16 岁零 145 天，而 14 号恰恰是巴萨队史第一人约翰·克鲁伊夫的专属号码，尽管梅西只穿过这一次传奇号码，但对"球圣"的超越，恰恰从致敬传奇号码开始。

这一年，梅西效力过巴萨 5 支不同年龄段球队，在其中 4 支取得了进球，加上各类友谊赛，梅西进入一队前最后一年的产量，不多不少恰好 50 球——亦即未来梅西单赛季的"常规输出"。在和 10 名不同教练和多达 75 名队友共事后，巴萨一队向梅西正式敞开大门已进入倒计时。

银鞍白马度春风

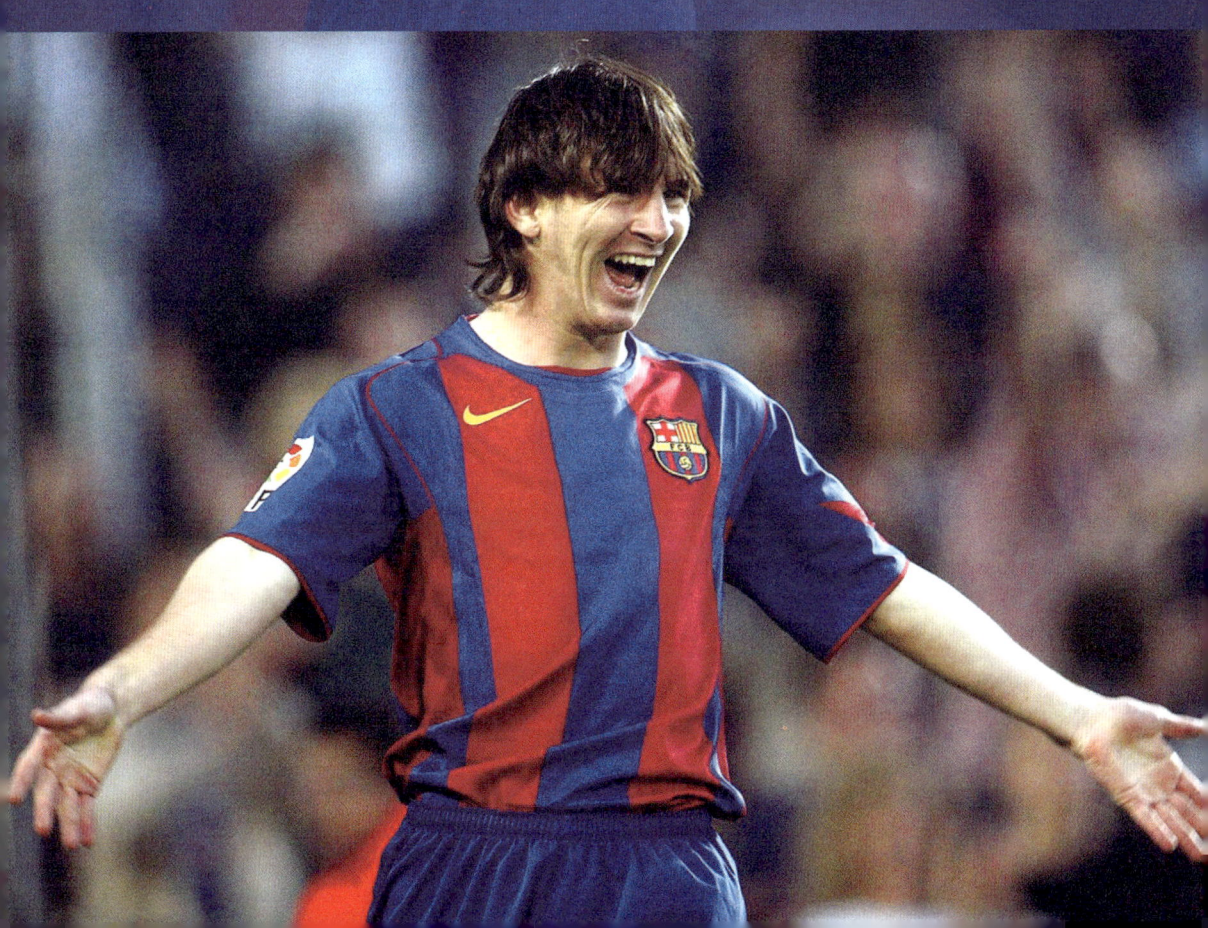

"梅西，来这里！"

2004-2005赛季西甲开战前，例行拍摄全家福的巴萨一队中，赫然出现了梅西的身影，穿着金色运动装的他，在一众大牌中略显局促，始终双手揣兜，不安地东张西望。直到工作人员提醒，才羞答答地在第一排最右边的位置站好。然而，这个留着童花头、笑起来酒窝格外明显的男孩，注定将是这个赛季巴萨的最大发现。

此时的梅西，身高已经有1.67米，体重也达到了62千克，至少不是队内最矮的那一个，而全家福中的海拔"下限"，则是身高1.64米的法国边锋卢多维奇·久利。为从欧冠亚军摩纳哥挖到这位好斗、倔强、硬朗的"矮脚虎"，巴萨支付了850万欧元，在当时已是一笔巨资。

然而，久利在那个夏天巴萨的引援行动中，只是锦上添花的配角，此前一季刚夺得西甲亚军、重现复兴迹象的巴萨，在副主席罗塞尔的牵线搭桥下，身价2400万欧元的埃托奥、2000万欧元的德科、800万欧元的埃德米尔森、自由身而来的拉尔森，都是彪炳欧陆的人物。而分到一件30号球衣的梅西，并不在西甲一线队常规注册的1-25号之内，名气、经验无法和一众巨星相提并论的梅西，更多的任务是好好见习、等待机会降临。

然而，坐拥两套阵容的巴萨怎么也不会料到，接二连三的伤病，成为球队登顶路上最大的敌人：除去罗纳尔迪尼奥和埃托奥保持健康，以埃德米尔森为首的"巴西帮"小病久养，几近人间蒸发，而半程结束前，哈维重伤赛季报销，拉尔森也跟着倒下，里杰卡尔德一度窘迫到替补名单里只有4名非门将球员。即便如此，"黑天鹅"

第二章 少年壮志不言愁

却始终不敢起用跃跃欲试的梅西,尽管后者升入一队后又增加了 3.7 千克肌肉,但训练场上,老将们却不住吐槽年轻的梅西:"他从不参与协防!"

在巴萨梯队效力时,梅西是雷打不动的前腰,只负责进攻;但在一队,两翼齐飞的经典 433 战术里不设前腰,巴萨不可能在不参与协防的罗纳尔迪尼奥之外,给予第二名球员特权。但在助教滕卡特的额外敲打下,训练里愈发积极的梅西,终于在

2004 年 10 月 16 日的"加泰德比"迎来一队首次出场的机会。此前巴萨联赛以 16 分遥遥领跑,但在西班牙人队的顽强阻击下,比赛还剩 8 分钟时,巴萨仅以 1 球领先,滕卡特喊来热身许久的梅西:"孩子,你踢右边锋,多利用速度突击肋部!"

然而,所剩无几的比赛时间不足以让 17 岁零 4 个月的梅西有所斩获,但即便如此,梅西仍旧刷新了巴萨一队最年轻出场纪录。对于寻常球迷而言,这不过是巴萨教练团队给予年轻人额外的褒奖,但 21 世纪西甲的真正统治者,恰是从这一刻开启了征服之路。此后一轮对阵奥萨苏纳,梅西再度领命登场,这次他踢了 20 分钟。

作为"梦二"的开创者，里杰卡尔德固然被后世评价战术创新不足、多靠巨星撑场，但论和球员推心置腹，从不摆架子的"黑天鹅"一向乐意走近球员。荷兰人有句名言："训练只是教练工作的 20%，其他时间则要默默关注可能发生的一切。"对于比自己小了 25 岁的梅西，里杰卡尔德从来不吝惜拥抱和微笑，而常被人忽略的是，父辈是苏里南人的里杰卡尔德也算半个南美人，骨子里和梅西有着相似的乐天和宽容，训练时荷兰人说得最多的一句就是："别怕犯错误，你随时可以重新来过。"

半年时间一晃而过，2005 年劳动节，距离冠军一步之遥的巴萨，在西甲第 34 轮迎战副班长阿尔瓦塞特。本该一边倒的比赛，主队却踢得异常艰难，轮番打铁的前锋群，直到第 60 分钟才由埃托奥打破僵局，急于从弗兰手中抢回金靴的"猎豹"正准备乘胜追击，然而他却看到了场边换人牌上的 9 号，而替下他的正是梅西，备感懊恼的埃托奥下场时只是敷衍般地握了握手，旋即就头也不回地进了更衣室，并怒踢垃圾桶泄愤。

此前，梅西已经代表巴萨踢了 5 场西甲，但无一例外都是替补，梅西上场还没来得及触球，就听到了一个熟悉声音的关照："我会把球传给你，明天你会上报纸头版。"话音未落，一记写意的挑传飞越阿尔瓦塞特后卫头顶，后发先至的梅西机敏反越位，赶在后卫前来封堵前轻巧挑射，球越过门将头顶慢悠悠落入网窝。而策动梅西巴萨生涯处子球的，不是别人，正是巴萨头号巨星罗纳尔迪尼奥！

此时比赛已近尾声，杀死比赛的梅西奔向场边欢呼，但紧随而来的罗纳尔迪尼奥弓下腰，主动将梅西背起，在小罗背上欢呼的梅西，发乎本心的欢庆，不经意间恰是巴萨两代巨星的接力——比小罗小了 7 岁有余、尚未成人的梅西，无疑是前者的最佳接班人。而最"识货"的，是梅西首球的受害者、阿尔瓦塞特门将巴尔武埃纳，赛后他默默收藏了比赛用球，并在多年后的拍卖中小赚了一笔。

第二章 少年壮志不言愁

雏凤清于老凤声

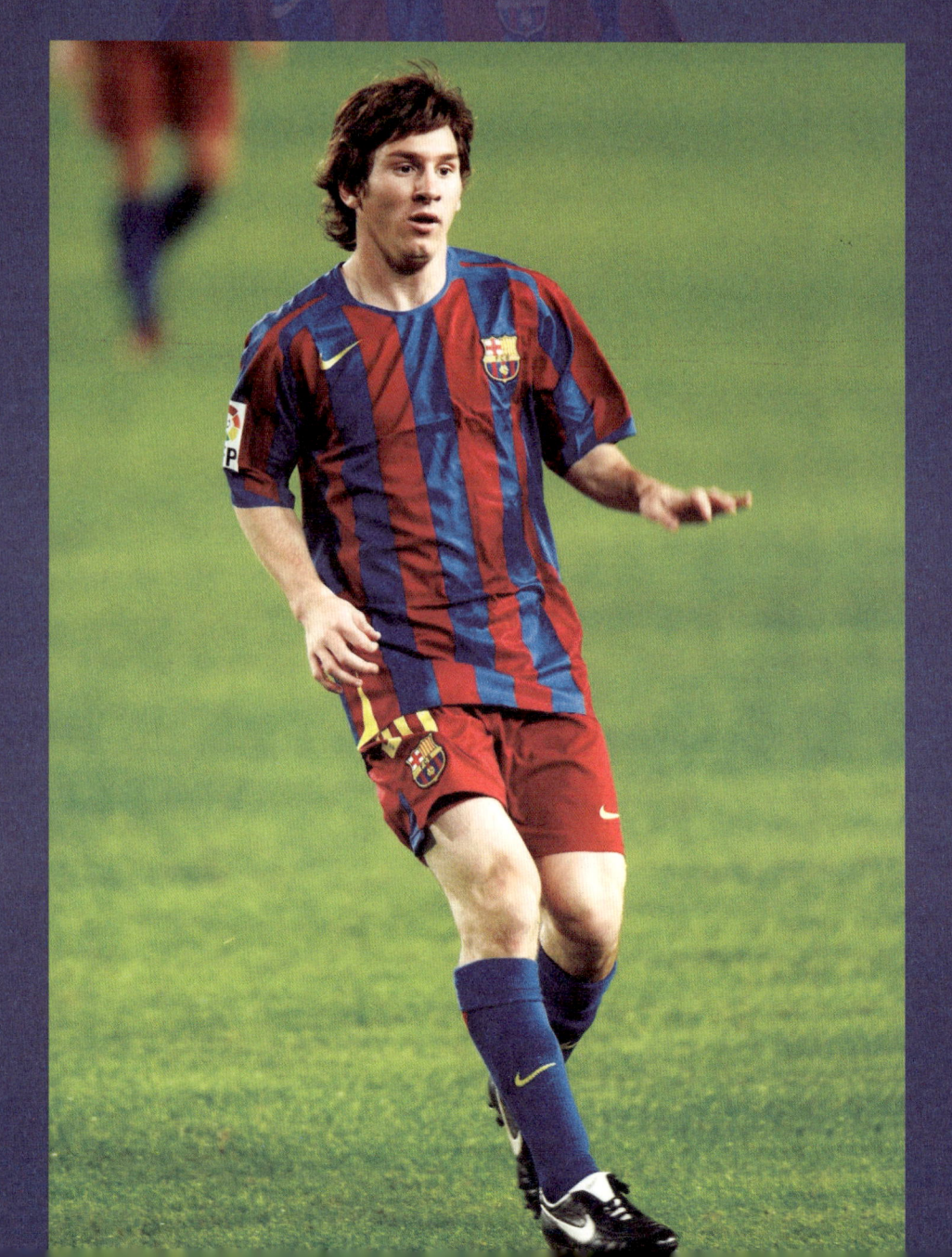

2005-2006赛季，巴萨罕见地在夏季转会期零开支，一方面，此前一年球队已在球市寅吃卯粮；另一方面，以梅西为首的新人也让俱乐部对拉马西亚制造信心更足。但更令梅西感佩的是已经是FIFA先生的小罗，始终对毫无资历的自己高看一眼。两人首次一队合练，小罗就给相熟的记者打去电话："我刚同一位将来会比我更强的希望之星一起完成了训练。"甚至早在两人在停车场不期而遇时，主动喊一声"Hola"（西班牙语，意为你好）的，也是小罗。

身为巴萨葡语系的带头大哥，小罗对梅西的"宠爱"简直甜到发齁：最早在巴萨训练场上踢起网式足球的，是小罗和西尔维尼奥，但这块巴西人的自留地，很快就因梅西的入伙而迎来了大结局：哪怕小罗亲自和梅西对垒，先得到11分的也往往是后者。而在抢圈游戏中，梅西也往往在小罗一组，后者甚至会把自己看NBA比赛时记下的传球路线，拷贝到足球场上，然后由梅西心领神会地完成。葡语帮中最年长的巴西左后卫西尔维尼奥，几乎把比自己小了13岁的梅西当儿子看待。

而在飞机上和餐厅里，以小罗为首的葡语帮和以普约尔为首的拉马西亚系，往往泾渭分明，各据一处。但梅西首次在一队餐厅吃饭，就被生在巴西的葡萄牙国脚德科一把拉去了葡语餐桌，但在普约尔、哈维眼中，小老弟梅西也不算"犯忌"，毕竟，阿根廷新星也是纯正的拉马西亚血统，一个还没踢满一个赛季的毛孩子，双方居然都在竭力争取。前巴萨董事会成员霍安·拉库埃瓦对小罗和梅西的亲密关系有过精妙论述："他就好比一朵在树荫下成长的小蘑菇，罗纳尔迪尼奥就是那棵大树。"

18岁的梅西，面对镜头和话筒时，音量如蚊子般细不可闻，但面对小罗时，总是滔滔不绝。然而，垫场新赛季的西班牙超级杯上，巴萨的名单中却没有梅西，这都要拜官僚的西甲联盟所赐，原本西甲默许在俱乐部居留5年以上的未成年球员自动成为"归化球员"，即便没有申请西班牙第二国籍也不被视作外援，而梅西此时只有一本阿根廷护照，而巴萨阵中的小罗、埃托奥和马科斯已经占满了3个外援名额。为避免同行质疑，自上季完成处子球后，梅西就再未出场。但在欧冠赛场，欧足联却给梅西的出场资格开了绿灯。

梅西出场资格莫衷一是，闻风而至的豪门自然不会放过这个乘虚挖人的机会，国际米兰足球俱乐部（以下简称"国米"）老板莫拉蒂拍出4000万欧元，但被巴萨一口回绝，不死心的他们又找到豪尔赫，希望支付梅西的1.5亿欧元违约金，但巴萨高层的反复劝说留队，甚至不惜与国米对簿公堂的态度格外坚决。一向不相信天才的卡佩罗，率队和巴萨踢完甘伯杯后瞬间成为"梅蜜"："我急不可待地找到里杰卡尔德，询问巴萨是否愿意出售梅西，哪怕租借也行！他是足球运动的最佳代言人。"而直到比赛最后1分钟才替补梅西登场的久利，尽管才29岁，但他占据主力位置的日子，就此要告一段落了。

2005年9月26日，久违的梅西终于出现在西甲第7轮赛场上，解决了第二国籍问题的他，号码已经从30号换成了19号，一个理直气壮的一线队号码。在欧冠连续风驰电掣碾压乌迪内和帕纳辛纳科斯后，里杰卡尔德给了梅西一个意外的惊喜：当季首回合国家德比，抵达伯纳乌的梅西在比赛开始前两小时，被告知将进入首发，尽管那场比赛，小罗的梅开二度让伯纳乌球迷集体倒戈鼓掌，但此后创造"世纪大战"进球纪录的梅西，在迅速熟悉氛围后，已经为双方来年再战时的爆发充分蓄能。

M 12月，梅西以绝对优势击败鲁尼，当选2005欧洲金童奖。这一年，声名鹊起的梅西全面丰收。

第二章 少年壮志不言愁

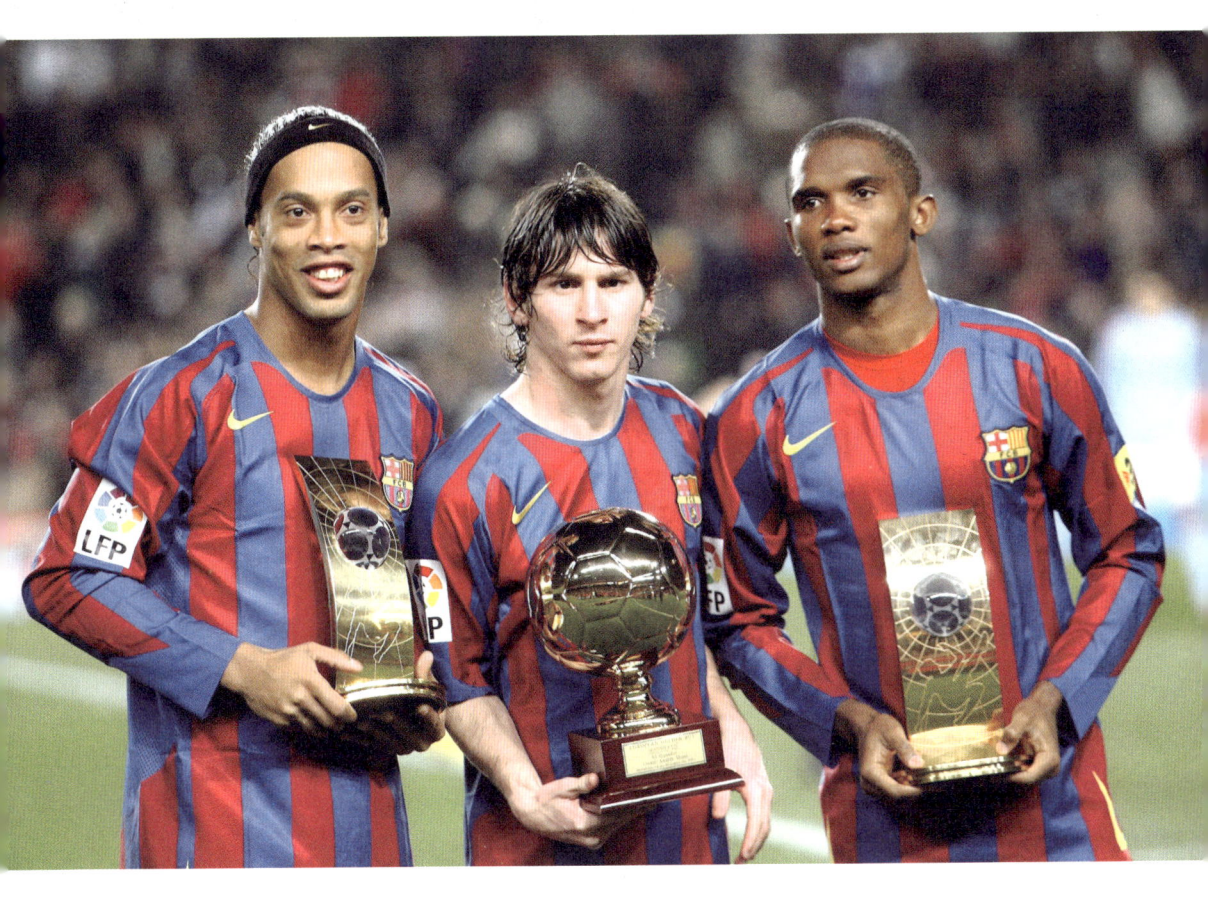

进入 2006 年，已成巴萨新三叉戟之一的梅西，更渴望在欧冠开疆拓土，面对此前一季淘汰自己的切尔西足球俱乐部（以下简称"切尔西"），矢志复仇的巴萨首回合做客斯坦福桥反客为主，而梅西则成为穆里尼奥始料未及的变量，开场后完成客队首次射门的梅西，左冲右突势不可当，而切尔西左后卫德尔奥尔诺则格外紧张，在一次拼抢中，巴斯克人野蛮地放倒梅西，阿根廷人大腿上的鞋钉印清晰可见。但未被主裁搭理的梅西，并未因受伤风险而停止冒险，第 36 分钟，一路从中圈右侧杀到底线的梅西，看似已经对球失去控制，在协防的罗本赶上来断球之前，"小跳蚤"巧妙地连续晃动令后者失去重心，直面禁区形成突破，赶上来的德尔奥尔诺再度祭出伐树式犯规，粗暴地将梅西放倒。挪威主裁海于格立马鸣哨，一张红牌已经拿在手中，做客

的巴萨就此迎来比赛转折点。

此后的比赛，少打一人的切尔西虽然首开纪录，但整体更加从容自信的巴萨，凭借特里的乌龙和埃托奥的绝杀完成逆转，全场完成5次射门的梅西虽然未能取得进球，但无处不在的巴萨边锋，以不知疲倦的单打，拆散了那个赛季英超只丢11球的"蓝军"钢铁防线，切尔西49个主场不败的纪录，也就此戛然而止。

然而，次回合乘胜追击的梅西，却遭遇了人生第一次重挫：比赛才开始25分钟，此前和加拉斯相撞的阿根廷人，突然在无球状态下倒地不起，旋即被换下场。退场时，掩面啜泣的梅西，得到了里杰卡尔德一个熊抱，但难过的梅西还是把头埋在了教练的大衣里。虽然巴萨如愿晋级，但赛后诊断结果却让巴萨蒙上阴云：右腿股二头肌顶部撕裂5厘米，整整10个星期，伤情不断反复、又出现肌肉疲劳新症状的梅西，只能坐看队友庆祝西甲登顶。而在前往欧冠决战地圣丹尼球场前，里杰卡尔德做出了一个痛苦但保险的决定：梅西被排除在18人大名单之外，只能在看台上担任观众。

当听到这个决定时，自信伤势已近痊愈的梅西眼里溢满了泪水，甚至罕见地流露出了愤怒，然而，正如助教滕卡特所说："我保证你以后会参加更多的决赛，但这场决赛来得太早了。"和梅西一样无缘决赛的，还有日后最会为梅西传球的组织大师哈维，原本几近赛季报销的他虽然也主动请战，但里杰卡尔德也拒绝冒险。

第二章 少年壮志不言愁

巴黎的雨夜里，莱曼的红牌、坎贝尔的冲顶破门，让久攻不下的巴萨一度陷入混乱和迷茫，但当普约尔两次截杀了亨利的准单刀后，替补奇兵拉尔森先后助攻埃托奥和贝莱蒂，"红蓝军团"史上第二次捧起大耳朵杯。但梅西没有半点身为赢家的喜悦，他刻意和队友、教练甚至媒体保持着距离，那一夜，没有任何记者拍到梅西的照片，他不愿领取属于他的金牌，甚至连大耳朵杯都不想碰。

他把自己反锁在更衣室里，不停地哭泣。

最终，意识到庆祝队伍里少了一个人的里杰卡尔德，回到更衣室里劝慰梅西，但后者仍旧躲在角落里。最终，小罗、德科和莫塔把奖杯搬进了更衣室，在老大哥的耐心开导下，梅西的脸上终于有了笑容。

"很多球员要等 10 年，才能踢上这样一场比赛。"时隔许久，梅西仍旧对决赛缺席无法释怀。不过梅西不必苦等 10 年，仅仅 3 年后，他就将名正言顺地夺得那座专属于自己的大耳朵杯。

情定蓝白 难自弃

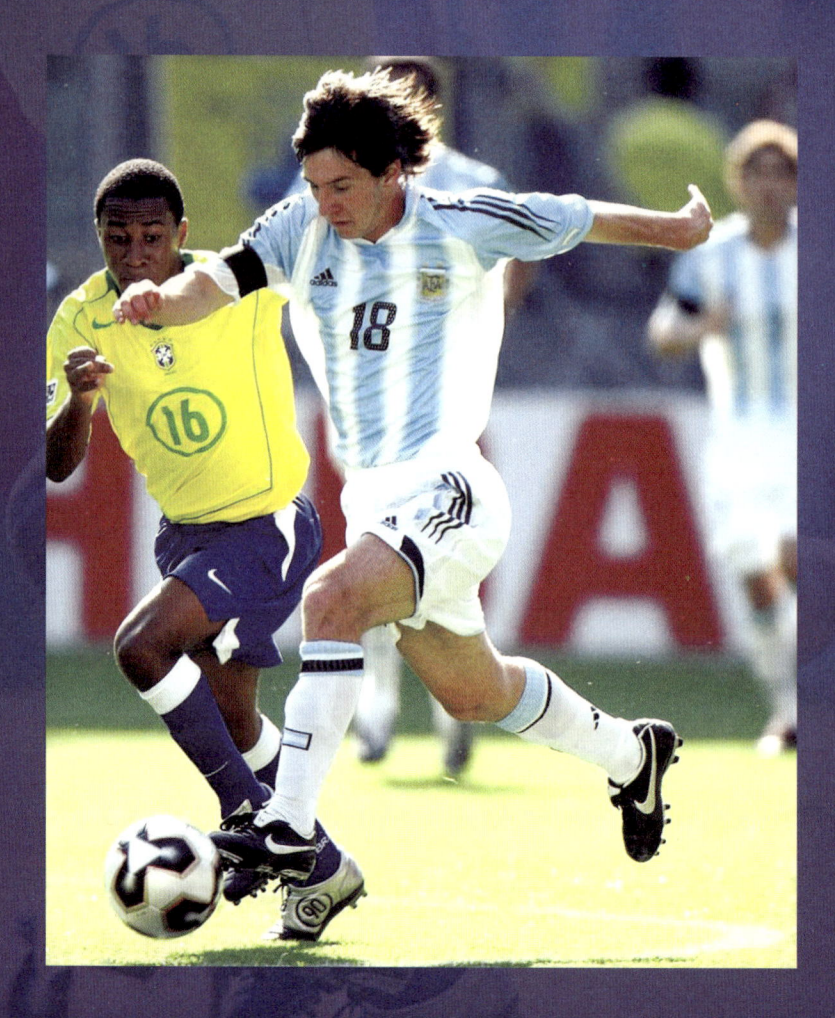

在巴萨一队开疆拓土的同时，梅西为国效力简直顺理成章。然而，不同于罗萨里奥的小伙伴们，巴萨 19 号必须做艰难的选择题：代表阿根廷，还是西班牙？

13 岁时就和巴萨签下预备合同，居留加泰已历 6 年的梅西，具备了申请西班牙第二国籍的条件。但梅西本人却钟情于"潘帕斯雄鹰"的蓝白间条衫。西班牙 U16 国家队召集人梅伦德斯，曾两次试探豪尔赫和莱奥的意图，甚至许诺梅西参加 2003 年在芬兰举办的 U17 世界杯，然而，父子俩两次的回答都得体但坚决："不，谢谢。"

然而，梅西的祖国似乎遗忘了这颗流落海外的明珠，在拒绝西班牙足协邀约数月之后，阿根廷足协才姗姗来迟地打来电话，但在传真里，却把梅西的姓氏写成了"Mecci"，着实不上心。此后，时任阿根廷队主帅的贝尔萨，也听闻了梅西在巴萨梯队的优异表现，同样生于罗萨里奥的"疯子"，派出助教维瓦斯前往巴塞罗那考察小老乡。此前，梅西的大哥罗德里戈，曾经在维瓦斯父亲何塞创建的纽维尔斯老男孩青训营效力，两家算是颇有渊源。但天有不测风云，考察消息走漏风声后，不少冒充梅西经纪人的各色人等，来到维瓦斯下榻的酒店，散布了不少梅西将为西班牙U17效力的消息。

诚然，今日今时，哪怕球员曾代表一国青年队出战，或参加过成年队非正式比赛，都拥有再次选择为其他国家队效力的自由，但在那时，FIFA的移籍法案远没有如今人性化。而阿根廷队史上，不乏本土优秀人才另择他国效力的往事：梅西之前，与马拉多纳并称阿根廷足球两大丰碑的迪·斯蒂法诺，褪下"蓝白战袍"后，先后为哥伦比亚和西班牙队效力；而就在1996年，在特内里费刚夺得欧洲金靴的中锋皮齐，放弃和巴蒂斯图塔、巴尔博、卡尼吉亚等人的竞争，披上"斗牛士军团"的红色战袍出战了欧洲杯。梅西的抉择，非但令两国足协明争暗斗，球迷们也争论不休——5年前，"小跳蚤"从纽维尔斯远走加泰，已经令业内痛感人才流失，如今要被西班牙二度截和，哪能一忍再忍？

尽管巴塞罗那之行只听了录音带，没来得及和梅西当面沟通，但坚持争取梅西的贝尔萨，嘱咐阿根廷U17青年队主帅托卡利，无论如何要带上梅西。谨慎的托卡利先是咨询了在莱加内斯任职、此后接班贝尔萨的佩克尔曼，又和足协主席格隆多纳交换了意见，最终给梅西父亲豪尔赫拨去了电话。出人意料的是，梅西一家没有传闻中的任何犹豫，几秒钟内，双方达成一致：梅西虽然来不及参加2003年的U17世青赛，但未来将进入阿根廷U20青年队，并逐步升级到国家队。

2004年6月29日，在现场区区300名球迷的注视下，身披17号球衣的梅西在对垒巴拉圭U20队的友谊赛下半时替补登场，并完成了1个进球和2次助攻。虽

第二章 少年壮志不言愁

然此后的南美U20锦标赛中，梅西在9场比赛中仅有3次首发，但这更多源于他的体能不足以支撑全场，但伴随着梅西在巴萨一队日渐习惯高强度比赛和训练，在即将开拔荷兰、出战U20世青赛的阿根廷队，梅西已经从新兵日渐升格为主力。

然而，阿根廷队和梅西的征途却并不顺利，小组开打前3天，全队战术核心何塞·索萨手腕骨折，就此退出赛事；首战美国队，替补登场的梅西和全队缺乏默契，"蓝白军团"0比1告负，赛后主帅费拉罗和梅西都阴沉着脸。次战埃及队，知错就改的费拉罗终于将梅西列入首发11人，后者首开纪录，阿根廷队2比0轻取对手。收官战面对宿敌德国队，尽管梅西率先助攻卡多索，但下半时阿根廷队查科·托雷斯被罚下后，急于维持胜果的费拉罗，立马换下了梅西。

小组赛3战没有1场打满90分钟，梅西的心情跌到谷底，甚至还在训练中向队友奥韦尔曼抡起了拳头，但年轻人的情绪来得快去得也快。坚持442阵形的托卡利不得不承认，只要梅西站在锋线上，阿根廷队的攻势和进球就有保障。败者食尘的淘汰赛，梅西终于亮剑出鞘。

1/8决赛，面对U20南美锦标赛的老对手哥伦比亚队，在1球落后的劣势下，首次打满全场的梅西小角度抽射扳平，为"蓝白军团"逆转立下头功；1/4决赛面对差点为其效力的大热门西班牙队，比赛前一天刚度过18岁成人礼的梅西，更加势不可当，在双方1比1的僵持阶段，他先是巧妙助攻奥韦尔曼将比分超出，2分钟后，梅西电光石火间展现了全套进攻技巧：他灵巧地将高球卸下，顺势挑过一名后卫，随后快速突进再度完成过人，左脚射门就此锁定3比1的完胜。半决赛面对永远避不

王者梅西

开的欢喜冤家巴西,梅西开场7分钟就打破均势,这次他前场盘桓后突然起脚爆射,门将雷南对这记紧贴球门内侧入网的世界波鞭长莫及,阿根廷队2比1涉险过关,离夺冠只差一步!

平心而论,出征荷兰的阿根廷队,并非赛事的头号热门,23人中日后成为常备国脚的,不过卢卡斯·比利亚、萨瓦莱塔、加戈和阿圭罗等人,除去梅西,其余22人全部在阿甲效力,几乎没见过更大的世面。然而正是在巴萨接受全面淬炼的梅西,屡屡挺身而出,拯救球队,而在决赛对垒尼日利亚队时,火力全开的蓝白18号再度扮演关键先生:比赛开始前,梅西平静得几无表情,战至第38分钟,梅西开始了个人表演,他在中场左侧持球后长驱直入、连过数人,笨拙的"绿鹰"后卫阿德莱耶两腿并用,才将梅西放倒在草皮上,主裁果断指向12码。

放在往常,阿根廷队头号点球操刀手是队长萨瓦莱塔,但和梅西私交甚好的他,却把点球让给了梅西,这并非逃避责任或成人之美,而是绝对的信任:"训练时他站上点球点时,眼神就像冰一样。"几乎没有助跑的梅西骗过门将,轻轻将球踢向右侧,

第二章 少年壮志不言愁

阿根廷队先拔头筹！进球后，梅西罕见地掀起了球衣庆祝，里面的 T 恤上写着妹妹玛丽亚·索尔和两个侄子奥古斯丁、托马斯以及堂弟布鲁诺的名字——无论何时何地，家人在梅西心中，永远是神圣的。

然而上天似乎有意要考验梅西，下半时开始仅 7 分钟，尼日利亚队就扳平了比分，此后比赛陷入持续拉锯。而阿根廷队迎来比赛转机的方式，仍旧是点球，这次在禁区内被放倒的是梅西的终生死党阿圭罗，再度站上点球点的梅西更加轻描淡写，又让门将扑错了方向。

M 终场哨响，揭幕战失利后，以全胜战绩登顶的"潘帕斯雄鹰"苦尽甘来，而他们的头号功臣，自然是贡献 6 球 2 助攻的梅西，整届杯赛，阿根廷队 7 场比赛中有 5 场都是 1 球小胜，但凡梅西参与进球，球队总能逢凶化吉。

阿根廷队史上第 5 次夺得世青赛冠军，和荷兰国王威廉·亚历山大合影时，梅西仍旧一脸羞涩。"妈妈，我不敢相信这一切发生在我身上了。我不得不掐一下自己才能确信我不是在做梦。"赛后，梅西给远在阿根廷的母亲赛丽娅发去了邮件，内容一如既往的平静含蓄。但媒体已经迫不及待地将他和 26 年前的迭戈·马拉多纳相提并论：1979 年世青赛上，同样打进 6 球的马拉多纳，决赛中锁定比分的方式也是定位球（直接任意球破门），但梅西比马拉多纳更进一

步，将赛事金球、金靴一并收入囊中。

人生首次为国征战，包揽全部团队和个人荣誉的梅西，刚满 18 岁就展露出人生赢家的气场。5 年前含泪离开的罗萨里奥男孩，终于可以笑着荣归故里。然而，这个美妙的开端，却是梅西旷日持久的国家队生涯中，屈指可数的甜蜜瞬间之一。

"能跟大家谈论梅西是我的骄傲,我见证了他的起步,如今他已经成为**世界最佳球员**,我为此感到很高兴。"

——罗纳尔迪尼奥

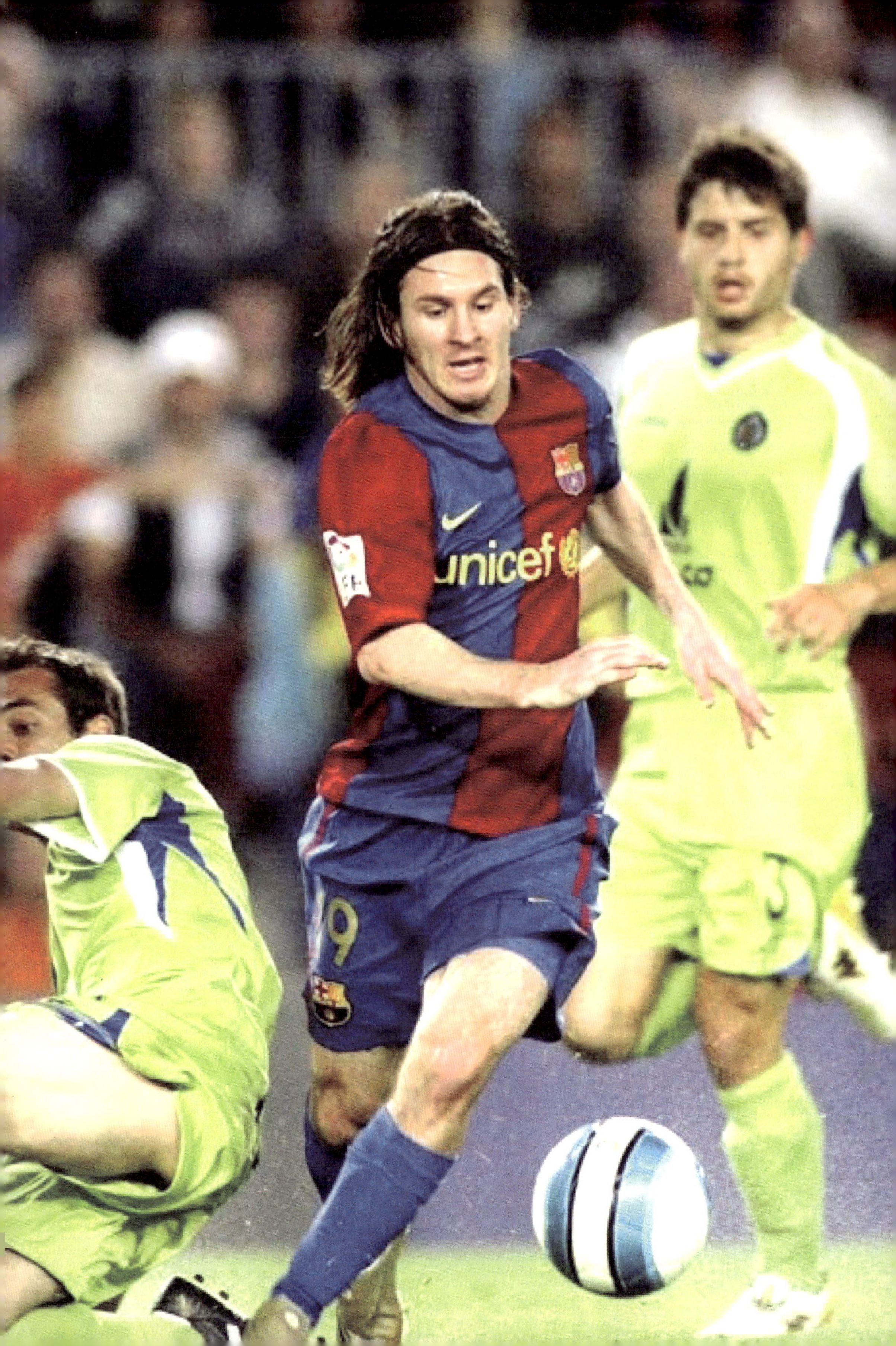
unicef

第 三 章

十年磨剑
今朝试

一人独挡
百万师

见证一支王朝球队从登顶到崩溃，需要多久？半年。见证一代球王从菜鸟到封神，需要多久？79分钟。

队史第二次捧起大耳朵杯，欧陆各大体育媒体开始了对巴萨众将的花式追捧，乐观的巴萨球迷认定，"红蓝军团"将以双冠王为起点，让"梦二"成为新世纪王朝球队的新标杆。然而，西甲、欧冠、世界杯、西班牙超级杯、欧洲超级杯走马灯似的来袭，疲惫的巴萨巨星团愈发厌战，而更大的危机，永远滋生于内部。

将金球奖和FIFA先生集于一身后，罗纳尔迪尼奥提前进入享受人生的节奏，除去在夜店和骨肉皮们夜夜笙歌，灵动的脚步也愈发被肥硕的肚腩所牵绊。而忙着离婚官司的德科，频繁辗转于巴西和西班牙之间。不满小罗散漫态度的埃托奥，和前者开始了漫长的冷战，而埃德米尔森一句"更衣室里有黑绵羊"，更令本就分庭抗礼的葡语帮和拉马西亚帮将矛盾公之于大众。再坚固的堡垒，总是常被自己人存心攻破，刚达到队史之巅的巴萨，也未能幸免。

革命尚未成功，主将们却争相"饱暖思淫欲"，对手下还算宽容的里杰卡尔德，在输掉国家德比之后，无奈地挥起了大棒，小罗和德科在没有任何伤病的情况下，被内部停赛10天，然而，杀鸡儆猴的里杰卡尔德随后就听到了坏消息：作为全队求战欲最强的存在，梅西在11月对垒皇家萨拉戈萨之战中第五跖骨骨折，休养了整整3个月，甚至没能赶上欧冠首轮淘汰赛与利物浦足球俱乐部（以下简称"利物浦"）之战。军心涣散的"红蓝军团"，被众志成城的利物浦淘汰出局，创造了欧冠改制后卫冕冠军的最差表现。

王者梅西

重重压力之下，次回合国家德比，对巴萨既关乎联赛卫冕，更是面子之战。但这个赛季巴萨运气着实坏到极点，赞布罗塔和久利上轮西甲双双染红，里杰卡尔德不得不变阵343，不设专职右后卫，整个右路全系于梅西一人。在范尼首开纪录后，梅西旋即予以回应：右路切入接应埃托奥斜传形成单刀后，梅西冷静推射远角得手，双方立马回到同一起跑线。

但记吃不记打的巴萨，仍要为松懈态度持续买单：皇马两位1976年出生的老将完成连线，范尼横拨古蒂，后者在禁区内被奥莱格放倒，主裁开出"黄点套餐"，范尼在诺坎普铺天盖地的嘘声中冷静命中，巴萨再度成为追赶比分的一方。好在进攻端

自己会在哪场比赛中复制它。我把这个进球献给正处于困难之中的迭戈（马拉多纳彼时正在接受精神治疗）。我听到了人们在说什么，但我从没有特意想过这是否是历史上最好的一记进球。在那天之后，我甚至都没有和家人谈论过那个进球。"

担任主力的第一季，一无所获的梅西，固然已经向全世界展现他以毫米计算的触球精确度，但他仍需要一个有分量的冠军头衔，遗憾的是，愈发动荡的巴萨，已经到了解体的边缘……

伤卧孤村不自哀

触底，是否意味着反弹？通常情况下，不会。2007-2008赛季的巴萨，就是最好的教材。

从双冠王到四大皆空，2007年休赛期的巴萨，遭遇了前所未有的问责风暴，下至寻常球员，上至主席拉波尔塔，人人自危的气氛中，梅西似乎是唯一的例外。而在必须有人站出来为退步负责的气氛中，承诺不重夺冠军就下课的里杰卡尔德、恳求管理层给自己一年机会的小罗，以及引进亨利豪赌进攻端的主席拉波尔塔，达成了微妙的平衡。

理论上，同时拥有小罗、埃托奥、亨利和梅西的巴萨，集齐了各年龄段顶级的进攻大师，但事实是，球迷憧憬的四星连珠，在这个赛季没有同时出场，哪怕1秒钟。

而这一年，锐气十足的梅西，遭遇了俱乐部生涯屈指可数的滑铁卢。但击倒他的不是无所不用其极的对手，以及愈发不给力的队友，而是接二连三的伤病。

事实上，梅西进入一队之初，是不折不扣的玻璃人。逐渐跻身首发的2005-2006赛季，梅西就因伤缺席长达79天，其中包括最终将他拦在欧冠决赛之外的右腿股二头肌撕裂。接下来一年，则是第五跖骨骨折。而 2007-2008 赛季开始后，梅西的伤病愈发频繁：9 月的肌腱拉伤，让梅西休息了一周；12 月中旬面对巴伦西亚，又是熟悉的股二头肌撕裂，但这次换在了左腿，休战进一步延长到 5 周。2008 年 3 月 4 日与凯尔特人的欧冠淘汰赛，梅西左腿第三关节股二头肌撕裂，又要歇上一个半月。频繁的伤病让梅西陷入了焦虑、悲观甚至绝望。"他受伤时就摔倒在我面前，我向上帝发誓，那一刻，我看到他哭了。"最近距离目睹梅西倒下的凯尔特人主帅斯特拉坎，至今记忆犹新。

在梅西之前，被伤病毁灭的少年天才车载斗量，但对于正处于变革前夜的巴萨而言，无法保持健康的"王储"，无疑是无法承受之痛。而在漫长的养伤期间，梅西再一次体会了人心险恶。亲皇马媒体报道梅西伤势时，格外不怀好意地提起了阿根廷新星注射生长激素的往事，甚至连皇马主席弗洛伦蒂诺都是这一论调的支持者。流言四起之下，巴萨队长普约尔不得不亲自出面驳斥，而巴萨则成立了由体育总监和副主席牵头的调查小组，后得出结论：梅西的单块肌肉规模，比寻常球员的更小，而其中爆发性纤维占比较高，在频繁地加速、变向下，极易出现拉伤。参与了调查的运动医学专家霍尔迪·德索拉给出精确比喻："把普通汽车加速到 120 英里，并不是什么问题，但一辆 F1 赛车频繁加速到 120 英里，必毁无疑。"

肌肉类型的缺陷，是无从改变的先天缺陷，而梅西本人的饮食习惯，也给频繁受伤埋下了伏笔：在巴萨 B 队时，梅西在俱乐部餐厅吃完晚饭，还会去一家阿根廷餐厅加餐，"小跳蚤"最爱的菜单包括恩帕纳达斯卷饼、米兰小牛肉和意大利肉饺，虽然从不喝酒，但梅西习惯就着可口可乐把食物塞进口中，有时还把巧克力冰激凌作为餐后甜点。有时餐厅服务员会善意地建议梅西吃点鱼，但他一口也不吃，哪怕餐厅有时会空运来新鲜的阿根廷牛肉和大虾，梅西永远会把大虾送给父亲豪尔赫，他的最爱永远是红肉。

"我到球场时就已经把它们消化掉了。"谈起那时的"胡吃海塞"，梅西格外理直气壮。在 B 队强度有限的赛事里，这似乎不是什么问题，但在一队无休止的一周双赛下，梅西补充能量的方式，是一口气喝上 1.5 升可乐，就着巧克力花生。毫无疑问，哪怕对于普通人，这样的食谱也绝对称不上健康。但在小罗和德科的"言传身教"下，梅西固执地认为吃点垃圾食品不是问题。这点连主席拉波尔塔都分外无奈："莱奥还在青春期，但他被罗纳尔迪尼奥的生活方式迷住了，他对生活缺乏经验，却始终和一群快 30 岁的球员混在一起。"

  毋庸置疑，小罗是梅西的人生导师，但在那一年，巴西人几乎处处是坏榜样。伴随着赛季深入，巴萨和皇马的积分差距愈来愈大，准确地说，胜率只有 50% 的"红蓝军团"更像是一支寻常欧冠区球队，而不是球迷熟悉的"梦之队"。和小罗暗战许久的埃托奥终于在发布会上爆发："哪怕在受伤这样艰难的时刻，我都一直坚持训练，而不是像某些人。"

  2008 年 4 月 29 日，兵荒马乱的"红蓝军团"迎来最后的救赎之战，首回合在诺坎普被"红魔"死守成平局的他们，必须要力争进球才能跻身决赛。因伤错过首回合后，痊愈不久的梅西首发出场，这也是他和年仅 23 岁的 C 罗首次在欧冠正面对决。

携剑长啸
出神州

尽管是北京奥运会适龄球员，但习惯"跳级"的梅西，经验已经远胜 U23 队友们。2005 年 8 月 17 日，首次被佩克尔曼召入成年国家队的梅西，在普斯卡什球场身披蓝白 18 号球衣完成处子秀。但仅替补登场 44 秒，突破时右手打在对方后卫翁察克脸上的巴萨新星，就看到了德国金哨默克举起的红牌。沮丧下场的梅西在更衣室里掩面而泣。但佩克尔曼对此倒毫不介怀，2006 年德国世界杯 23 人大名单中，梅西分到了和俱乐部如出一辙的 19 号。但很显然，首次出战世界杯的梅西，任务更多的是见习，毕竟，阿根廷队锋线拥有克雷斯波、萨维奥拉、特维斯、克鲁兹等多位成名球员，而佩克尔曼拒绝带上贝隆、萨内蒂、萨穆埃尔等成名老将，大面积起用新人的做法，也给球队背上了不少压力。

然而，梅西本人却没有半点包袱：备战世界杯热身期间，"小跳蚤"对垒克罗地亚队时打进了国家队处子球；小组赛首战作壁上观后，次战塞黑已经 5 球领先的"潘帕斯雄鹰"，在第 74 分钟换上了梅西，比赛结束前 2 分钟，克雷斯波在禁区弧顶即将倒地前分球梅西，后者加速甩开后卫，右脚低射入网。凭借此球，梅西成为当届世界杯最年轻的进球者，放在整

个世界杯史上，也能排到第6。值得一提的是，那场比赛距离梅西19岁生日仅有8天，巴萨边锋给自己提前送上了一份大礼。

但那届略显沉闷的世界杯，梅西注定不是主角：1/4决赛与德国队从加时战至点球，梅西在板凳上目睹了阿根廷队止步八强后的愤怒与悲伤。3次出场的他，也在当届最佳新人之争中输给了波多尔斯基。一年后的委内瑞拉美洲杯上，已经逐渐升格为主力的梅西，打进2球，助攻3次，入选当届最佳11人，然而决赛中突然断电的阿根廷队0比3完败于老冤家巴西队，梅西首次在国家队尝到了决赛失利的滋味。

一年之后的北京奥运会之于阿根廷队，既要弥补美洲杯之憾，更有终结魔咒的意味：尽管是夺得世青赛和美洲杯冠军次数最多的国家，也曾两次捧起大力神杯，唯独在奥运会赛场仅摘得1枚金牌。而这一次，巴蒂斯塔挂帅的阿根廷国奥队，云集了23岁以下的全部精英，还请来里克尔梅、马斯切拉诺和布尔迪索3名超龄球员助阵，显然志在卫冕。然而出征前，阿根廷足协却和巴萨起了争执，当届奥运会决赛在8月23日开战，而此时巴萨要出战欧冠资格赛，少了头号球星，自然分外不乐意。双方的僵持是梅西在训练场上出工不出力，并在俱乐部并不知情的情况下，单方面前往国奥队报到。

历经漫长的拉锯战，巴萨终于不甚情愿地放人，但和国奥队友磨合不多的梅西，除去揭幕战对阵科特迪瓦队奉献传射，其余时间表现平淡。进入淘汰赛后，梅西终于开始发威，1/4决赛对垒荷兰队，梅西开场14分钟前场机敏断球后，连过两名"橙军"后卫，并晃过门将首开纪录；加时赛中，又是梅西在多名后卫包夹下打开"上帝之眼"，精妙传给左边锋迪马利亚，后者冷静低射令"蓝白军团"胜出。而命运冥冥中似乎有意考验梅西和阿根廷队，他们半决赛的对手，正是一年前击败自己的巴西队！

兵败委内瑞拉时，罗纳尔迪尼奥因状态欠佳未被征召，而今，已经在巴西队新帅邓加手下没了位置的他，驰援国奥引起的关注远不及梅西，着实有些且向花间留晚照的凄凉。但小罗在青年赛场显然是碾压级别的存在，虽然并未使出全力，但巴西队前4战面对比利时队、新西兰队、中国队和喀麦隆队狂轰11球，且1球不失，看上去更像是夺冠热门。然而在梅西和队友们面前，略显懒散的小罗，继俱乐部之后，再度成为梅西扬名的背景板。

互有攻守的上半场后，憋足了怒火要复仇的"潘帕斯雄鹰"终于由阿圭罗首开纪录，而此后梅西策动进攻，前者心领神会，梅开二度，就此奠定胜局。当里克尔梅点球锁定比分后，输红了眼的"桑巴军团"开始追着阿根廷人亮鞋钉，卢卡斯和内维斯先后被罚下。终场哨响，阿根廷全队狂喜得像是提前摘得了金牌，但梅西是唯一的例外，他主动找到罗纳尔迪尼奥，两人拥抱长达半分钟，攀谈许久后才依依不舍地返回更衣室。

毋庸置疑，这是一次更彻底的告别，更是一次更加醒目的权力交接。当年那个被小罗扛在肩膀、挥拳庆祝的男孩，历经3年风雨洗礼，已然提前成人。他接掌的，不仅是巴西人离开巴萨后的战术核心地位，更是足坛第一人的王冠与权杖。

8月23日，正午烈日炙烤下38℃的工人体育场，阿根廷队与尼日利亚队为金牌一决雌雄。12年前的亚特兰大，决赛中两度领先的"蓝白军团"，被阿穆尼克终场绝杀，历经一个轮回，梅西和队友们拒绝往事重演。虽然尼日利亚队是更加熟悉酷热天气的一方，但阿根廷队用斗志弥补了体能的不足。梅西更是格外活跃，下半时他右路持球后美妙地转身过人后起脚速射，不料反应神速的门将安布罗斯将其化解，但梅西夺冠的欲望，并没有因射门受挫而有所衰减。下半时第12分钟，梅西中圈持球回旋摆脱后分向左路，默契十足的迪马利亚得球后衔枚疾进，面对出击的门将果断吊射入网。"天使之翼"起飞的动力，恰是梅西本尊！

比赛最后半小时，全军压上的尼日利亚队对阿根廷队球门形成围攻，但已经筋疲力尽的蓝白众将死战不退，历经长达6分钟的补时，伴随着匈牙利籍主裁考绍伊三声长哨，自1984年奥运会男足项目向职业球员开放至今，阿根廷队首次完成了卫冕。然而已经汗流浃背、濒临虚脱的潘帕斯战将们，甚至没有力气加入教练和板凳席上的狂欢之中，梅西也只是和里克尔梅简单拥抱庆祝，脸上虽然满是喜悦，沉重的双腿却一步也挪不动。然而，当金镶玉挂上脖颈的一瞬间，人们还是在梅西的脸上看到了久违的激动。

M 因伤错过欧冠决赛后,梅西用另一块金牌弥补了两年无冠的莫大失落。青年国家队的两项最重要赛事——世青赛和奥运会,梅西都是笑到最后的赢家。而沉甸甸的奥运金牌,则是在工体观战的马拉多纳毕生也未染指的冠军。

诚然,10 号蓝白间条衫的主人,依旧是 30 岁的里克尔梅,但梅西的征服之路,已然徐徐开启。

奉命危难诺千金

载誉归来的那个夏天，梅西所熟悉的那支巴萨，突然面目全非。

里杰卡尔德、小罗、德科全部离开，埃德米尔森、赞布罗塔、图拉姆和奥莱格要么廉价出售，要么直接退役。身为"梦二"头号射手的埃托奥，也一度上了清洗名单。而球队的新面孔呢？凯塔、卡塞雷斯和阿尔维斯，都是刚在西甲打出些名堂，唯一有些名气的，是此前在阿森纳足球俱乐部（以下简称"阿森纳"）以突破过人著称的白俄罗斯中场赫莱布。而梅西更加熟悉的，是自己昔日的B队战友皮克，这个喜欢恶作剧的大个子，已经长到了1.92米，蓄起了胡子。而另一位和梅西有些许交集的，则是同出于拉马西亚的瘦高中场布斯克茨，父亲曾是巴萨门将的他，在巴萨梯队曾和梅西当过几场队友。

相形于群星熠熠的"梦二"，夏季转会期的巴萨，甚至不能称之为补强，每一笔交易，都写着"寒酸"二字。而曾对少年梅西呵护有加的老大哥们，只剩下了西尔维尼奥、马科斯和平托三人，合计98岁的三位老将，是为数不多在那年夏天大清洗中幸存的旧臣。

这一切，都出自一位此前从未有顶级联赛执教经验、年仅37岁的少帅的授意。但更匪夷所思的是，手中仅有梅西一枚"核武器"的他，却成为放行后者参加奥运的拍板者："我夺得过1992年奥运会冠军，我知道金牌意味着什么，让他去吧，好好踢奥运会，拿下金牌。没关系，我可以等！"

这位处处不走寻常路的少帅，便是佩普·瓜迪奥拉——20世纪90年代初巴萨"梦之队"的队长，克鲁伊夫一手创建的拉马西亚青训体系第一代优等生，全方位代表巴

萨过去、当下和未来的创业者。

球员时代的瓜迪奥拉，算不得超级巨星，但有着远比常人丰富的人生阅历：13岁便进入巴萨青训体系，当过无数次球童；19岁完成一队首秀；21岁以主力身份在温布利捧起大耳朵杯；26岁戴上队长袖标，却也遭遇几近毁灭了职业生涯的重伤。30岁时含泪告别效力10年之久的"红蓝军团"，留下各项赛事382次出场、15个冠军头衔的辉煌业绩。他先后在意大利、阿联酋和墨西哥等国联赛辗转，直到35岁才结束球员生涯。在那个年代，他已经算得上常青树。

但比起丰富的球员阅历，此时头发乌黑、着装时尚的瓜帅，更是俱乐部战术传统和精神气质的代言人。球员时代，瓜迪奥拉是克鲁伊夫"4号战术"的成功执行者，西班牙青年一改后腰笨重、粗野、蛮横的传统，以连续的传导和控球，成为"梦之队"实质意义上的组织者。诚然，拥有罗马里奥、斯托伊奇科夫、大劳德鲁普和科曼等巨星的巴萨队中，瓜迪奥拉的战术价值，常常被后世忽略，但在队友心目中，这个早熟的年轻人存在的意义非凡。斯托伊奇科夫就曾有过精确论断："没有我、瓜迪奥拉和科曼，打败巴萨连汗都不用流！"

"梦二"时代，巴萨的成功与顶级外援的助阵密不可分，但在开创球队冠军传统的克鲁伊夫看来，这样的行为无异于倒退。"球圣"在小罗夺得双料先生时，也有一句和主流观点大相径庭的名言："只要有球队开价4000万欧元，巴萨就应该立刻西前往上海和阿根廷国奥队会合前，瓜帅就曾和梅西多次恳谈："只有你一直享受自我，一切才有意义。"而即便宽容如里杰卡尔德，也从未给予少年梅西如此推心置腹的人生建议。在得到主帅放行后，梅西对瓜迪奥拉的感激溢于言表："瓜迪奥拉一直对我说，我不必为这事感谢他，但当时确实是他做出的决定，他认为这对我而言是最好的。"

对于不善言辞的梅西而言，这几乎是他当时能想出的所有美好词语。同样年轻的将帅，以开诚布公的承诺，赢得了彼此的信任，也为接下来的神奇赛季埋下了最美丽的伏笔。

"**梅西毫无疑问是当今足球世界最杰出的球员**,能够在阿根廷国家队与他成为队友是一份荣幸。我们都已经在不同的俱乐部获得过冠军,现在,我们只想一道为阿根廷队夺得荣誉奋战。作为好朋友,我非常清楚梅西对此的渴望。"

——阿奎罗

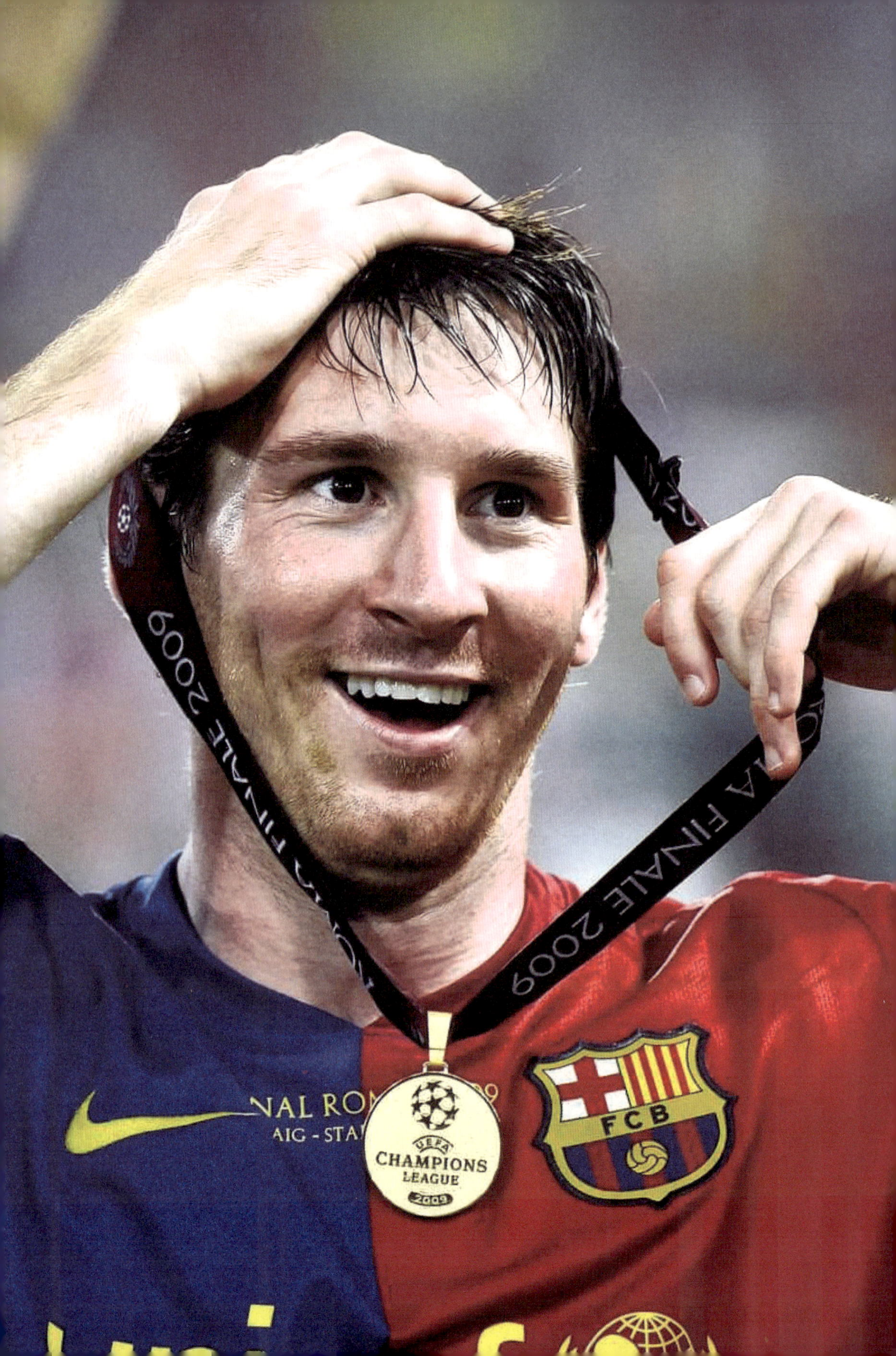
FINALE 2009
UEFA
CHAMPIONS
LEAGUE
2009
FCB

第四章

皇图霸业
谈笑间

千军万马
避蓝袍

有一种冠军的序章,叫作挫折;有一种王朝的启幕,叫作交学费。

2008-2009赛季,大换血的巴萨带着瓜迪奥拉崭新的传控哲学,踏上了征途。联赛首轮,他们在客场0比1输给了那个赛季的倒数第二努曼西亚;联赛第二轮,他们在诺坎普被桑坦德竞技1比1逼平;欧冠资格赛第二回合,他们在波兰0比1输给了首次参赛的克拉科夫。

18天内,巴萨各条战线3场比赛,收获惨淡的1平2负,是21世纪以来最差的开局表现。如果欧冠资格赛爆冷,尚可归咎于刚飞回西班牙的梅西无缘参赛,只能在家中看电视,那么当联赛第二轮,仅靠休整完毕的梅西命中点球才拿到1分,对瓜迪奥拉的质疑,瞬间沸反盈天。

很难想象,这样糟糕的起步,会发生在一支充满着积极元素的新军身上:夏训期间,一度上了瓜帅黑名单的埃托奥,主动找到新上司谈心,双方毫无避忌地打开心扉后,"猎豹"检讨自己的越权举动,并承认梅西的进攻核心地位,而瓜帅则收回成命,握手言和。更衣室里,巴萨新帅用极富煽动力的演讲,取代了让队员们昏昏欲睡的战术会议;而在训练细节上,强调有球的瓜帅,设计了许多别出心裁的小环节,让弟子们啧啧称奇,兴致勃勃。而在最关键的调动梅西情绪方面,不同于里杰卡尔德的宽抚,瓜迪奥拉的方式是"送你一朵小红花":"看看,莱奥都在参与回防,你们还有什么理由懒洋洋的?"对此梅西也心存感激:"我从瓜迪奥拉身上学到了很多,这不但因为他懂得很多,而是在我仍需要学习的时候,他将我置于羽翼之下。"

然而,无论瓜帅的口碑和人缘有多好,战绩才是硬通货。面对来势汹汹的"倒瓜运动"，还没等拉波尔塔官方定调，恩师克鲁伊夫就先站出来镇场子："球队踢得非常好，瓜迪奥拉只是欠缺一点运气。"《国家报》则打了个形象的比喻："眼下的巴萨，只缺一撮盐，以及一点火候。"名宿和媒体殊途同归的"护短"，在西甲第三轮得到了印证：做客的巴萨6比1摧枯拉朽地击败希洪竞技，梅西头顶脚踢梅开二度，整场比赛，几乎都在主队半场展开。3天后的欧冠小组赛，巴萨3比1轻取里斯本竞技，以两连胜终结了此前的信任危机。

但比胜利更积极的变化，在于巴萨前场体系的焕然一新：此前一个赛季略显形单影只的亨利，不再出任中锋，回到了他更熟悉的左路，埃托奥虽然站在9号位，但右边锋梅西越踢越像右内锋甚至中锋，右路连续突破内切或横带后起左脚抽射，成为梅西愈发纯熟的得分手段，一条覆盖了前场右中区域的"梅西走廊"，让对手疲于招架。而瓜迪奥拉倡导的控制论，也因哈维和伊涅斯塔的存在，从理论变成了可操作的范本。得益于阿拉贡内斯在西班牙国家队的良好试验，一尊德劳内杯让巴萨"双核"自信心爆棚，源源不断地输送，使得梅西能心无旁骛地尽展进攻才华。

作为一名主帅，瓜迪奥拉以高屋建瓴的设计让巴萨脱胎换骨，而作为良师和兄长，瓜帅对梅西的言传身教，更是润物无声：此前，梅西日常饮食不加节制，瓜帅早有耳

第四章 皇图霸业谈笑间

闻，但瓜帅不是一把打掉梅西手里的可乐瓶子，而是要求全队一起吃一日三餐，并身先垂范——"鱼，其实没有那么难吃"。同时，在瓜帅授意下，梅西的私人理疗师布劳，有意在客户的饮食中加入了大量的新鲜蔬果，并改变了梅西一直午睡到黄昏的习惯，时常在夜间出赛的阿根廷人，能以更饱满的精神状态直面对手。于是，生涯前三个完整赛季均遭遇大伤的梅西，在瓜迪奥拉执教的4年间，合计出场219次，仅因伤错过了10场比赛，一举从身娇肉贵的"瓷娃娃"，变成了打不倒的"铁人"。

尽管用心良苦，但瓜迪奥拉从来不说"我要求你如何如何"，始终是客气地商量："莱奥，你看，这样对你会比较好……"

此时的梅西，虽已21岁，但从俱乐部到国家队，多数时候身处惬意的温室，心智上仍是个大男孩。但在和瓜帅共处的日子里，愈来愈学会成年世界法则的梅西，不再任性，更有担当。从联赛第3轮到第11轮，收获10连胜的巴萨重登榜首，而梅西则奉献了定海神针般的演出：对阵西班牙人，梅西在补时第13分钟顶着满天嘘声点球破门，为球队在加泰德比中完成逆转；面对强敌马竞，梅西狡黠地快发任意球吊射入网，巴萨开场仅8分钟就取得3比0领先。而在被赫塔菲逼平后，情绪丝毫未受影响的巴萨，又打出一波10连胜，其中就包括国家德比2比0击败皇马。

此前一季，"红蓝军团"两回合"世纪大战"遭遇双杀，更在伯纳乌列队为提

前夺冠的皇马队员鼓掌，成为"梦二"崩盘最惨淡的缩影。

而这一次，在气温迫近零度的诺坎普，伤停补时阶段攻入第2球的梅西，极其罕见地脱下球衣激情庆祝。

伴随着圣诞节前最后一战2比1逆转比利亚雷亚尔，冬季战役面对联赛前5名球队取得全胜的巴萨，着实霸气外露。

或许是联赛领先优势过于明显，2月份罕见地遭遇西甲两连败的巴萨，一度放缓了提前登顶的脚步，但当"红蓝军团"认真起来时，没有西甲球队能拦住他们的步伐，其中也包括上届冠军皇马。2009年5月2日，一波7连胜将积分差距缩小到4分的"银河战舰"，准备狙击此前一轮刚被巴伦西亚逼平的领头羊。而开场仅13分钟，"小烟枪"伊瓜因头槌打破僵局，伯纳乌的分贝达到了全场最高。然而，瓜迪奥拉和弟子们丝毫没有慌乱，因为在这场火星撞地球的决战之前，他和梅西悄悄定下了一个新约定。

在诺坎普的主教练办公室里，瓜迪奥拉给梅西放了一段精心剪辑的视频，主要内容是皇马的各类失球集锦，尤其是两名中卫时常露出的真空地带。将帅战术研讨的气氛相当轻松，看到兴致浓时，梅西甚至发出了爽朗的笑声。当视频接近尾声，瓜迪奥拉给出了意味深长的总结："现在，你知道该怎么踢了吧？"没有人知道更多谈话的细节，甚至在训练中瓜帅也没有特意演练，但身为梅西密友的皮克，最终还是憋不住话："佩普让莱奥踢伪9号，也就是禁区前沿15-20码的位置，在那里，他可以拥有一切进攻自由。"

比赛进展正如瓜迪奥拉所料，尽管皇马先拔头筹，但卡纳瓦罗和梅策尔德的中卫组合，根本跟不上梅西的速度，防守时，梅西是巴萨的第四名中场，而进攻时，他是顶在最前线的中锋。就在皇马领先后仅4分钟，梅西就在中路送出挑传，亨利心

领神会搓射远角得手，随后勇冠三军的巴萨队长普约尔，以一记强劲的头球反超比分。比赛来到半小时，哈维反抢皇马中场迪亚拉，梅西禁区右侧左脚外脚背单刀低射远角破门。半场结束，伯纳乌已是一片死寂。

不甘就此认栽的皇马，下半时开场不久由拉莫斯头球扳回一球，但他们的反抗招来的是巴萨更凶猛的屠杀：亨利梅开二度后，梅西再度反越位推射建功，伴随着皮克攻进第 6 球，并比出五个手指"扇巴掌"的羞辱手势，巴萨在伯纳乌取得一场酣畅淋漓的 6 比 2，完成国家德比双杀，西甲冠军悬念至此基本不复存在。

而就在这场大捷后两个星期，国王杯决赛在梅斯塔利亚球场如期而至，一路闯进决赛的巴萨，虽然开场仅 9 分钟就率先丢球，但成竹在胸的他们延续着逆转的惯性：亚亚·图雷狂奔 30 米后远程爆射扳平，梅西将埃托奥的射门补中网内，随后又助攻小将博扬建功，副队长哈维则以一记任意球直挂死角，为 4 比 1 大胜画上句号。

M 从两连败开局，到两连冠为国内赛事收尾，掀起完美风暴的巴萨和梅西，整个赛季只剩最后一项任务：在罗马奥林匹克上演的欧冠决赛。

不破楼兰
终不还

尽管家中挂着一枚欧冠金牌，但梅西对大耳朵杯的执念，甚至比专程来投的亨利更加强烈：2005-2006 赛季，梅西因伤错过了 1/4 决赛之后的全部赛事，而之后两个赛季，巴萨分别倒在了 16 强和 4 强。但这一次，国内赛事打遍天下无敌手的巴萨，决定事不过三，而梅西的进球欲望，从小组赛就展露无遗。

小组赛次战顿涅茨克矿工，梅西上演了"生死时速"：在第 87 分钟扳平比分后，补时行将结束前，他接应哈维直塞完成绝杀；主客场面对巴塞尔，梅西又各下一城，待到巴萨以小组第一挺进 16 强时，梅西已有 5 球在手。1/8 决赛面对法甲七冠王里昂，梅西次回合的进球令巴萨 3 球领先，比赛悬念就此破灭。1/4 决赛，他们遭遇了德甲冠军拜仁慕尼黑足球俱乐部（以下简称为"拜仁"）。

那个赛季，克林斯曼治下的"南大王"，固然算不得欧洲顶尖，但经验却绝非大破大立的巴萨可比，此前一轮两回合 12 比 1 横扫里斯本竞技，更让各界看好拜仁顺势登顶。然而首回合的诺坎普，巴萨仅用 45 分钟就解决了对手：开场仅 12 分钟，埃托奥和梅西便已投桃报李，互

飞来天外有鹰扬

2009年夏天，巴萨全队没有比赛任务，梅西也度过了一个惬意而漫长的假期。但瓜迪奥拉却没有丝毫闲暇，由于此前让梅西出任伪9号，被挤去边路的埃托奥终于在赛季结束前和瓜帅大吵一架。决意送走喀麦隆人的巴萨少帅，瞄准了在意甲所向披靡的瑞典"神塔"伊布，在拉波尔塔和莫拉蒂旷日持久的谈判后，巴萨在送出埃托奥的同时，又额外支付了2000万欧元，得到了这位身高1.95米的全能中锋。但球队的磨合也不可避免地受到影响，接踵而至的西班牙超级杯上，巴萨虽然两回合5比1大胜毕尔巴鄂竞技，但进球的基本是三冠班底的老面孔；欧洲超级杯对阵顿涅茨克矿工，"红蓝军团"踢到第115分钟，才由佩德罗打入全场唯一入球，第四个和第五个冠军头衔，来得甚至比欧冠都艰难。

但更艰巨的挑战，来自年底在迪拜开战的世俱杯。决赛面对南美解放者杯冠军大学生队，老将贝隆着实让巴萨吃了瘪，直到第89分钟时，巴萨仍以0比1落后，但福星佩德罗的破门，让"红蓝军团"赢得了加时赛的机会。这次梅西没有再给对手爆冷的机会，他机敏地用胸部将队友传中撞进网窝，巴萨以2比1完

成逆转，至此完成西甲、国王杯、欧冠、西班牙超级杯、欧洲超级杯和世俱杯的"六冠连珠"，一年内加冕所有参加赛事的冠军，这是足球史上前所未有的神迹。

世俱杯决战夜前，瓜迪奥拉继续给弟子们进行心理疏导："如果我们今天输了，我们仍然是世界上最好的球队；但如果我们赢了，我们将流芳千古！"但当巴萨历尽劫难、终成正果时，发际线已经明显后移的瓜帅，哭得像个孩子，梅西第一时间走上前去，给了上司一个温暖的熊抱。而就在巴萨加冕世俱杯前的 18 天，梅西在巴黎带着羞涩的微笑，举起了人生第一尊金球奖，巴萨 10 号得到了专家评委 473 分，比次席的 C 罗多出 240 分，金球奖前 5 名中，有 4 名巴萨球员。

而作为六冠伟业的尾声，两天后，梅西马不停蹄地从迪拜飞抵苏黎世，在 FIFA 总部捧起世界足球先生奖杯，这一次梅西的优势更加明显，国家队主帅和队长们合计打出 1073 分，几乎是 C 罗（352 分）的 3 倍，继罗纳尔多、里瓦尔多和小罗之后，梅西成为"红蓝军团"第四位同年集金球奖和 FIFA 先生于一身的双料先生。

伴随着巴萨和梅西在各类冠军和奖项上的大包大揽，"红蓝巨人"主打的传控战术，也日渐风靡全球，从西班牙到英格兰，从墨西哥到阿根廷，瓜迪奥拉划时代的战术设计被不断拷贝的同时，也有了更加朗朗上口的专属名词——"Tiki-Taka"，这个象声词，原本用来模拟球与脚接触时的脆响，用来描摹永远有球在脚的巴萨，着实恰如其分。然而，攻城容易守城难，首次执教顶级联赛的瓜帅，与首次担纲核心的梅西，在接下来的一年里，哪怕在一项赛事中有失，相比于六冠王，都是令球迷难于接受的倒退。

诸行无常，盛极必衰。就在巴萨加冕欧冠后不到一周，一手缔造了"银河战舰"的皇马前主席弗洛伦蒂诺二度入主，斥资 1.45 亿欧元先后引进卡卡和 C 罗，巴萨问鼎欧冠的热度，迅速被皇马夸张的手笔所转移；而双方首回合国家德比的差距，也从一个赛季前的 2 比 6，缩小到了 0 比 1。但巴萨更大的危机来自内部。正如梅西是这个星球上球商最高的小个子一般，在 1.90 米以上的巨人阵营里，伊布的球感也是独一档的存在，但伊布和梅西一样，需要球权才能将威力最大化，但这并不是瓜迪奥拉

第四章 皇图霸业谈笑间

所需要的，他只要求伊布如同传统中锋一样，完成争顶、摆渡和射门，但一向自视甚高的巴萨新 9 号，拒绝执行命令。

天价新援和传控战术的不断排异，最终成为巴萨卫冕六冠路上的绊脚石：2010 年 1 月，巴萨在国王杯 1/8 决赛因客场进球少被塞维利亚淘汰，在六冠加身后仅 25 天，全盘卫冕就化为泡影。尽管瓜迪奥拉极力淡化出局给球队带来的负面影响，但在西甲，始终以一场之差紧追巴萨的皇马，将联赛的悬念维系到了收官战，逼着巴萨以 99 分的西甲历史纪录惊险卫冕。

而力保西甲的代价，则是欧冠的功败垂成。从小组赛阶段，3 胜 2 平 1 负出线的巴萨，就略显心不在焉，而 1/8 决赛和 1/4 决赛，"红蓝军团"都是在客场和对手

战平，回到主场凭借梅西的一波流带走对手：在诺坎普面对斯图加特和阿森纳时，梅西分别上演了梅开二度和大四喜。然而，当年 4 月底，志在卫冕欧冠的巴萨，却突遭"黑天鹅"来袭，这只"黑天鹅"当然不是前主帅里杰卡尔德，而是发端自冰岛的火山灰，欧洲大面积航班因安全原因取消后，前往梅阿查的巴萨，只能坐着大巴借道戛纳，在经历了 10 小时 986 公里的长途行军后，人困马乏的他们 1 比 3 告负，即便次回合早早 11 打 10，但面对穆里尼奥布下的"铁桶阵"，只收获一场 1 比 0 的卫冕冠军，以 1 球之差倒在了决赛门外。

从六冠加身，到只保住西甲，仅仅半年，巴萨就险些重蹈 2006-2007 赛季"梦二"的覆辙，但梅西本人的表现无可挑剔：以 8 球卫冕欧冠金靴的同时，35 场西甲打入 34 球的他，甩开 C 罗足足 8 球，生涯首次品尝到西甲金靴的滋味。然而，一手安排梅西出任伪 9 号甚至中锋的瓜迪奥拉，却付出了不成功便成仁的代价，联赛下半程多次被安排坐板凳的伊布，选择了比埃托奥更加激烈的对抗和宣泄，当"神塔"决意离开巴萨远走米兰时，撂下了一句至今也没兑现的狠话："以后再遇到瓜迪奥拉，我要见他一次，打他一次。"

诚然，越踢越像中锋的梅西，数据和效率都无可指摘，但他的一枝独秀，意味着锋线搭档必须做出牺牲：那个赛季，33 岁的亨利在欧冠和国王杯颗粒无收，联赛只有 4 球入账，而进入一队才两年的大龄新秀佩德罗，固然在 6 条战线上都有球入账，但打进 23 球的他，已是巴萨第二号射手，某些时候，瓜迪奥拉甚至还要指望不满 20 岁的小个子博扬为梅西分忧。再度展开"寻枪"行动的巴萨，锁定了 29 岁的巴伦西亚前锋大卫·比利亚，先后夺得欧洲杯金靴和世界杯银靴后，绰号"葫芦娃"的他，率领连续出售主力的"蝙蝠军团"稳居联赛前四，已经仁至义尽。在相继捧起德劳内杯和大力神杯后，比利亚决定弥补自己联赛冠军和欧冠的双重缺憾。但最重要的是，比利亚虽然射术高超，却从不吃独食，更有着丰富的左路活动经验，愿意为梅西让出禁区。而另一位登陆诺坎普的强援，则是梅西的国家队队友马斯切拉诺，球风强悍坚韧的"小马哥"，成为巴萨队中为数不多专司防守、任劳任怨的存在。

第四章 皇图霸业谈笑间

2010—2011赛季，重装上阵的巴萨势不可当，而首先拦在他们面前的，仍是同样疯狂扩军的皇马，C罗和卡卡身后，一位头发花白、眼神犀利的葡萄牙人，取代了佩莱格里尼，成为瓜迪奥拉的新对手——若泽·穆里尼奥。那个两度在欧冠淘汰巴萨的男人，携国际米兰的三冠业绩西进伊比利亚，然而"狂人"遭遇的却是巴萨的迎头暴击：2010年11月29日，做客诺坎普的穆氏皇马，被主队以5比0狠狠羞辱，托名中锋的梅西成了瓜帅抛出的诱饵，而一见梅西就上头的拉莫斯，全场追着巴萨10号粗暴飞铲，并果不其然在比赛结束时的大乱斗中被逐出场。而当皇马全队的注意力都放在梅西身上时，哈维、比利亚、佩德罗分进合击，顾此失彼的皇马洋相百出。

𝓜 这一战，既是对穆里尼奥的下马威，更是无情的宣言：西甲冠军，巴萨不让，皇马不能争！

王者梅西

足球世界永远喜新厌旧，但有些重头戏则百看不厌。这个赛季，皇萨大战先后在西甲、国王杯和欧冠上演，足足踢了5场，从4月16日到5月3日，短短18天，"世纪大战"要连来四回，着实令瓜迪奥拉左右为难。最终，巴萨决定抓大放小：西甲次回合国家德比波澜不惊的1比1之后，以替补阵容出战国王杯决赛的巴萨，遭遇了那个赛季对阵皇马的唯一一场失利，但马德里人还没来得及庆祝踩着死敌加冕，欧冠半决赛首回合，他们就在伯纳乌被巴萨反戈一击，当佩佩因踩踏阿尔维斯被逐后，穆里尼奥的三后腰围剿梅西战术，终因人数劣势而瓦解，解开枷锁的梅西梅开二度，尤其是长途奔袭连过4人后打入的第2球，几乎是梅西欧冠赛场的最佳进球之一。

第四章 皇图霸业谈笑间

巴萨最终赢下西甲,而捧着国王杯的穆里尼奥,只能抛出那句名言泄愤:"11对11时,我的球队从来没有输给巴萨。"然而,那一年的欧冠决赛之后,"狂人"的醋意恐怕要更加浓烈。面对坐镇温布利、几乎等于主场作战的老对手曼联,巴萨再度用催眠战术让"红魔"无从施展。佩德罗首开纪录后,鲁尼略有越位嫌疑的进球让双方回到了同一起跑线,但牢牢掌握比赛主动权的巴萨,再度超出只是时间问题。这个任务自然落在了梅西身上,而这一次,他解决战斗的方式干净利落:中路直捣黄龙后在大禁区前起左脚爆射破网,41岁的荷兰门神范德萨完全无从扑救。

这是专属于梅西的死亡之吻,就当巴萨10号一路狂奔咆哮宣泄时,教练席上的曼联主帅弗格森面色涨得通红,紧握的双拳不住颤抖——两度见证一代天骄踩着自己的球队加冕,之于一位古稀老者是怎样的摧残?

伴随着大卫·比利亚精彩的弧线球再下一城,3比1奏凯的巴萨,时隔一年后再度君临欧洲!

尽管未能上演三年3尊大耳朵杯的神迹,也无缘成为欧冠改制后首支卫冕成功的球队,但毋庸置疑的是,巴萨用一尊尊奖杯书写的足球哲学,甚至比冠军本身更为醒目,而梅西无疑是奖杯上那颗最耀眼的钻石。短短三年间,巴萨10号完成了个人和俱乐部荣誉的大满贯,更成为克鲁伊夫之后,首位连续三年加冕金球的新球王。和C罗的双骄之争,甩开的岂止一个身位?

然而,梅西攻城略地、快意恩仇的生活,只存在于"梦三"。一旦战袍的颜色由红蓝转为蓝白,清新悠扬的弗拉明戈立刻变成了伤感低回的探戈。

梦里不知
身是客

当一个球王的上司，是另一个球王，两人是否会让这个星球上的所有球队胆战心惊？

胆战心惊确实有，但不是对手，而是他们自己。

2008年秋天，此前带队痛失美洲杯的阿根廷队主帅巴西莱，在世预赛负于智利队后被就地解职，而接替老帅的人选瞬间引爆了全球媒体——迭戈·马拉多纳，阿根廷最伟大的足球巨星，1986年世界杯的孤胆英雄，无数阿根廷球员的终生偶像和精神图腾。

王者梅西

南非世界杯日渐临近，但马拉多纳对梅西的态度愈发拧巴：一方面，他空前拔高新队长马斯切拉诺的地位："阿根廷队是马斯切拉诺和另外22个人。"但开战前三个月，他又在热身赛期间和梅西深谈，并在后者建议下放弃442阵形，改打4312，梅西作为双前锋身后的伪9号。然而，当世界杯小组赛开打，本该完成纠偏的阿根廷队，又一度回到了各自为战的局面，而最大的受害者仍是梅西。本该是中场和锋线连线员的他，却成了脱节的那一个，而队友们各顾各的态度，也让他在小组赛进球挂了零。阿根廷队固然全胜出线，但他们的王牌始终没有得到尽情发挥。而马拉多纳的回应，则是在首战取胜后抱起梅西，亲了两口，对于内向的梅西而言，这是个亲昵得有点越界的庆祝方式，但已经领教过媒体捕风捉影的蓝白10号，选择了沉默。

小组赛阶段，仅有1次助攻入账的梅西，在淘汰赛阶段更加形单影只：1/8决赛面对墨西哥队，人们记住的是梅开二度的特维斯被换下时拒绝马拉多纳的拥抱，是罗

塞蒂将越位1米的进球误判为有效，但唯独记不住4场比赛35次过人却也无数次被放倒的梅西。而1/4决赛，面对战术纪律严明的德国队，高度依赖个人能力的阿根廷队，被对手各个击破，前15分钟没有1次触球的梅西，再度感受到了队友似有还无的恶意，沮丧的他赛后在人群中没有任何队友相随左右。

此前一个赛季，梅西为巴萨打进了47个进球，但在南非，蓝白10号的射门感觉似乎被寒冷的天气冻结了：5场比赛，梅西30次尝试射门，位列全部参赛球员之首，但收获只是2次击中门柱。马拉多纳上任以来，梅西在16场正式比赛中仅打入3球，是历任主帅手下的最差表现。赛后，梅西在更衣室里痛哭流涕，而败军之将马拉多纳，随后也宣布辞职。

"阿根廷队就像一支在公园踢球的业余球队。马拉多纳比球队更愚蠢，他刚愎自用，最终导致了球队的覆灭。"出局之后，终于冷静下来的媒体，开始复盘"蓝白军团"的失败轨迹，而马拉多纳希望梅西担任全能组织者而不是影子前锋的决定，被认定是自废武功。"马拉多纳把所有重担都压在梅西肩头，但梅西不是迭戈，他需要更接近禁区。"《号角报》也认为梅西不该背锅。一通在混乱中起航的合作，以更加混乱的失败告终，梅西的第二次世界杯之旅，比第一次更加黯淡。23 岁的他固然来日方长，但失败却未必是胜利的催化剂。

也就在那个夏天，西班牙队一路 1 球小胜，队史首夺大力神杯，普约尔、哈维、伊涅斯塔、皮克、巴尔德斯、法布雷加斯、布斯克茨、佩德罗等巴萨队友，集体成为人生赢家。

如果当年梅西选择的是西班牙队而不是阿根廷队，结局会有不同吗？历史容不得假设，永远只有下一秒。在痛失大力神杯后，梅西迅速用西甲三连冠和大耳朵杯弥补了伤痛。而接下来一年他的演出，比金光灿灿的大力神杯更加熠熠生辉，彪炳史册。

"梅西可以做到一名球员需要做的一切。他总是做到一切,每3天重复一次。我为那些想争夺他王座的球员感到遗憾:**这个孩子太特别了,他是最好的。**就像迈克尔·乔丹,一人统治一项运动。这两人可以进行完美的比较。"

——瓜迪奥拉

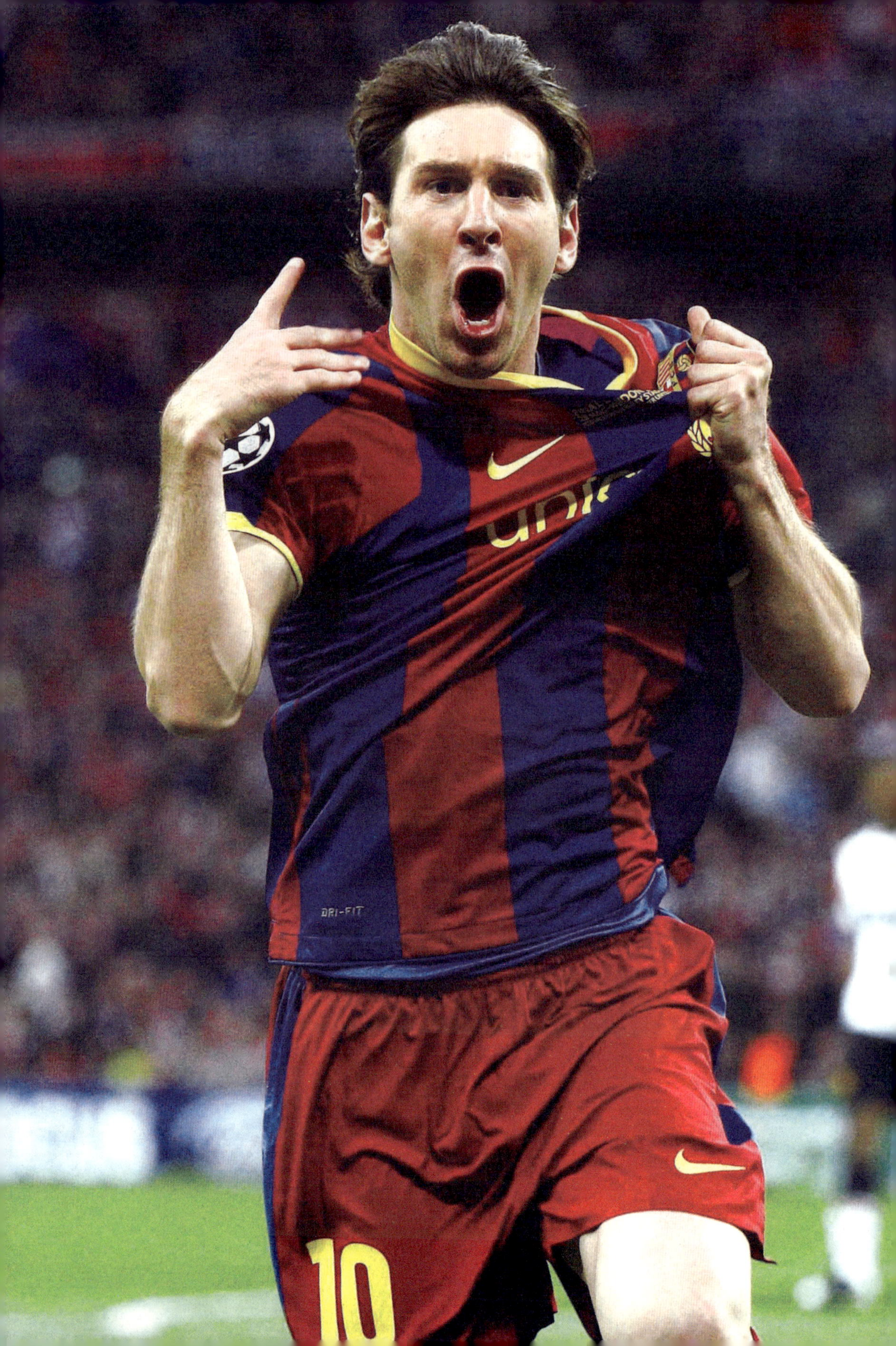
DRI-FIT
10

第五章

我如天火降人间

桃园一梦
终须醒

一鼓作气，再而衰，三而竭。3 年内统治西甲、两夺欧冠的"梦三"，固然打破了事不过三的惯例，但与诸多王朝球队一样，伴随着荣誉簿的积累和进取心的减退，尤其是诸多缔造"梦三"的功臣相继离开，不可避免地步入华章的尾声。

　　率先离去的，是一手打造了两届"梦之队"的主席拉波尔塔，2010 年巴萨固然未能卫冕欧冠，但前一年六冠王的声威，仍足够拉波尔塔完美谢幕，转战他一直热衷的政坛。一朝天子一朝臣，前脚主席功成身退，后脚体育总监贝吉里斯坦亦步亦趋，这位一手运作多位"梦三"干将加盟的前巴萨名宿，旋即在财力更雄厚、待遇更丰厚的曼城上岗。而接任拉波尔塔的，则是早年曾以副手身份参赞左右的罗塞尔，然而，两人的私交早在"梦二"第一季就已破裂。上任后，在巴萨力推经济改革的罗塞尔，对前任账目进行了全面审计，并翻出了若干拉波尔塔及其幕僚"腐败"的证据，一度要与其对簿公堂。而与拉波尔塔对瓜迪奥拉的有求必应不同，声称巴萨经济困难、必须量入为出的新主席，大幅压减了巴萨的转会预算。

　　在罗塞尔眼里，正值巅峰的梅西、伊涅斯塔和阿尔维斯，还不算老的普约尔、哈维和巴尔德斯，足够支撑巴萨继续称王称霸。

　　2010-2011 赛季，吃老本的巴萨还算不辱使命，但 2011 年夏天，只有法布雷加斯和阿列克西斯·桑切斯两名新援报到的同时，巴萨却连续放走了博扬、卡塞雷斯、加比·米利托、赫莱布、马克斯维尔等一众轮换球员，板凳深度骤降。而穆里尼奥领军的皇马，历经一季磨合，充分开始释放葡萄牙人"穆二季"的统治力。作为双方赛季走势的风向标，西班牙超级杯巴萨固然以 5 比 4 再度力压对手夺冠，但全靠梅西两回合的 3 个进球，尤其是次回合 88 分钟的准绝杀。欧洲超级杯对垒波尔图，又是梅西首开纪录，才将葡超霸主驯服。

板凳深度严重不足，代价则是长期无休的主力们几乎被用干榨尽：年底开打的世俱杯，巴萨以 4 比 0 碾压桑托斯夺冠，给未及 20 岁的内马尔好好上了一课，但球队却为捧杯付出了惨重代价，比利亚在半决赛垒卡塔尔萨德队时，遭遇左腿胫骨骨折，就此赛季报销，梅西身边又少了一位可靠的帮手，而这并不是巴萨减员的全部。2011 年 11 月，梅西效力巴萨 B 队时的领路恩师、时任瓜迪奥拉助教的蒂托·比拉诺瓦被查出腮腺癌，而前一年刚接受肝移植手术的阿比达尔肝癌复发，先后接受了 5 次手术和化疗，掉了 19 千克体重的法国人形销骨立，职业生涯就此戛然而止。更糟心的是，已经冠军拿到手软的巴萨众将，对已经展露的危机并不以为意。

平心而论，那个赛季巴萨的表现并不算差，但皇马的开局更加凶猛：联赛前 15 轮，"银河战舰"取下了 13 场胜利，而同期的巴萨虽然也只输了 1 场，但多达 4 场的平局让卫冕冠军陷入了漫长的追逐战。世俱杯夺冠而归后，五冠加身的巴萨终于为松懈

第五章 我如天火降人间

付出了代价：他们先是在国王杯 1/4 决赛次回合 2 球领先的情况下，被皇马 2 比 2 追平，随后又在西甲被奥萨苏纳 2 比 1 爆冷狙击，和皇马的积分差距重新回到 4 分。对球员散漫表现忍无可忍的瓜帅，终于在更衣室里开启了吹风机。

困境之中，巴萨唯一的好消息仍来自梅西，2012 年 3 月，巴萨 10 号在 24 岁的年纪打破了塞萨尔·罗德里格斯保持的巴萨进球纪录，成为巴萨队史头号射手。比起用 16 年坚守换来 232 个进球的塞萨尔，梅西没用满 8 个赛季，便完成了后发先至。

联赛排名长时间落后带来的压力和无休止的伤病困扰，终于令巴萨在 4 月的魔鬼赛程遭遇重挫：7 天之内，他们要和切尔西进行两回合欧冠半决赛，中间还夹着一场国家德比。那个赛季，中途换帅的"蓝军"彻底放弃英超，专攻欧冠，救火主帅迪

107

王者梅西

马特奥固然是"菜鸟"一个，但自知才华有限的意大利人，却把球队操持多年的防反用到极致。做客斯坦福桥的首回合，巴萨没有6年前逢凶化吉的运气，德罗巴的进球让刚在西甲取得11连胜的"红蓝军团"踩下了刹车，连续征战的梅西被困在铁桶阵中无从施展。

福无双至，祸不单行。3天之后的诺坎普，巴萨在10万名主场观众的注视下，1比2不敌皇马，C罗单刀锁定胜局后，向全场做出的嘘声手势宣告了那个赛季西甲的大结局：皇马积分、净胜球和进球数均超过巴萨，提前两轮加冕。巴萨的91分，放在往年足够确保冠军，但那一年，表现几近完美的皇马，拿下了创西甲纪录的100分。

西甲的雌伏，意味着巴萨必须要靠欧冠卫冕收复失地。但经历两连败后，士气跌到谷底的"红蓝军团"，绝处逢生的信念显然不及退无可退的切尔西：4月24日，时隔6天后再度约战"蓝军"的巴萨，有着好得不能再好的开局：上半场结束前，布斯克茨和伊涅斯塔各下一城，蓝军队长特里则因恶意犯规被罚下场。然而主裁恰基尔吹响半场哨声前，切尔西抓住一次反击机会，巴西中场拉米雷斯吊射越过巴尔德斯头顶入网，这意味着客场进球少的巴萨，必须要再进一球才能确保晋级。

下半时，久攻不下的巴萨终于赢得天赐良机，法布雷加斯突入禁区被德罗巴绊倒，

第五章 我如天火降人间

巴萨赢得点球机会，而站在12码上的正是梅西：此前，巴萨10号已经在那届欧冠打入了14球，然而面对上半时两次扑出自己必进球的切赫，略显紧张的梅西左脚推射，皮球鬼使神差地击中横梁弹回，错失全场最佳机会的巴萨，补时阶段被托雷斯反击中再进一球，总比分2比3，与2009-2010赛季一样，卫冕之梦又在半决赛化为泡影。

全场比赛，巴萨控球率超过7成，射门23次，除去两个进球，另外两次击中球门的绝佳机会，均来自梅西。此前，梅西的点球命中率相当可观，上一轮淘汰AC米兰时，还两次主罚命中。但这一次，梅西重蹈了济科、巴乔等足坛传奇射失点球的覆辙，赛后，梅西在更衣室里以泪洗面，而陪着他痛哭的还有佩德罗："那是我看到梅西最沮丧和受伤的一次，我不知道，或许是因为他错过了点球，或许是因为他没能打进决赛。"而身经百战的梅西，则在多年后回忆往事时充满遗憾："那是一届我们本该进入决赛然后夺冠的杯赛，然而我把它搞砸了。"

两大核心指标相继旁落，只剩国王杯可争的巴萨和梅西，尚未走出失利阴影，便听到了耳旁突然炸响的惊雷。

就在巴萨欧冠出局后仅48小时，出现在训练场的瓜帅，罕见地一脸严肃地召集了全体队员，并宣布了一个惊人消息：赛季结束后，他将正式卸任，与执教4年的母队和平分手。训练结束后，瓜迪奥拉在主席罗塞尔、体育总监苏比萨雷塔的陪同下，召开了新闻发布会，官方宣布了离任决定。然而，台下就座的巴萨众将中，唯独少了梅西的身影。

身兼球员和教练双重名宿身份，离开始终深爱、视为信仰的巴萨，之于情感丰富的水瓶座男人瓜迪奥拉，显然是夹杂着沉重、痛楚、无奈的抉择，但这一切早有端倪，赛季开始后，对高层清算前任分外不满，又对平衡出场时间、战术效用和人际关系分外疲惫的瓜帅，已经不止一次拒绝了续约谈判，巴萨少帅的恐惧，并非来自比赛失利、冠军旁落，而是自己失去了对球队的掌控，足球哲学无法得到充分展现，2012年每每功败垂成、自断前程的巴萨，恰恰触及了瓜帅最敏感的痛点。

一切和盘托出时，巴萨众将除去惊愕，更多的是不舍和伤感，其中自然也包括备感愧疚和自责，难过到不愿在媒体面前露面的梅西，在缺席发布会后几个小时，在社交媒体解释了缘由："我全心全意地感谢佩普对我的职业生涯、我的生活所做的一切。因为情绪太激动，我更倾向于不参加佩普的新闻发布会。我希望远离所有的媒体，因为我知道他们会寻找球员们脸上的悲伤，而我决定不在他们面前展现这样的情绪。"

告别主帅的最佳方式是什么？当然是进球和冠军：第37轮的加泰德比，是巴萨赛季最后一个主场赛事，在这场瓜迪奥拉的告别战中，梅西任意球先拔头筹后，一反常态地没有双手指天庆祝，而是遥指在场边指挥的瓜迪奥拉，表示敬意。5月25日的国王杯决赛，梅西和队友们23分钟内连下三城，以一尊冠军奖杯，送别缔造了队史最高峰的传奇。临行前，瓜迪奥拉的感慨发自肺腑："感谢你，莱奥，我们赢得了如此多的冠军，但如果没有你，我们恐怕连一半都赢不到。"

第五章 我如天火降人间

M 小罗之后,再度与人生导师分别的梅西,在短短 4 年中两次直面了情感的撕裂,但创伤也让梅西变得更加强大:这个赛季,梅西打入了恐怖的 73 球,比此前一季整整多出 20 球,其中西甲 50 球、欧冠 14 球都刷新了两大赛事的金靴产量新高,并成为佩德罗之后,巴萨第二位在 6 项赛事中均有进球的球员。

足球史上最恐怖进攻机器的完全体,在这一年正式诞生了。

倚天跨海斩长鲸

瓜迪奥拉的离去，风光旖旎的"梦三"也就此进入尾声。卸任之前，瓜帅并没有明确谈及继任者人选，但在那堂猝不及防的训练课后，罗塞尔第一时间指定了蒂托·比拉诺瓦担任巴萨新帅，而这个决定经历了长达 1 小时的沟通。起初，蒂托并不愿意接掌"红蓝军团"，一方面和瓜帅既是合作伙伴更是挚友的他，想继续追随前者，另一方面，腮腺癌初愈、身体状况大不如前的他，带领低谷中的巴萨无疑是对个人健康的再度摧残。然而，有着和瓜迪奥拉相同的巴萨情结的蒂托，最终决定临危受命。

对于寻常球迷，蒂托是个格外陌生的名字，但对于梅西，蒂托却是再熟悉不过的那一个。执掌 B 队时，放手使用梅西的蒂托，就让前者在 9 号半的位置上踢得格

外顺心，而蒂托上任后，首先明确了梅西的首发中锋位置。自2004年完成一队首秀至今8年，梅西终于站在了最接近球门的位置。针对瓜帅执政末期巴萨控球率和破门效率的日渐倒退，比拉诺瓦的对策是提速前压，不寻求场面的绝对压制，更强调球员在运动战中寻找机会。此举固然令巴萨不算牢靠的防线危险系数陡增，但却令巴萨前场众星极大释放了进攻灵感。

那一季，巴萨各条战线打入惊人的154球，刷新了球队1996-1997赛季150球的产量纪录。而梅西本人，则延续了2012年上半年以来的疯狂输出。

在梅西之前，保持自然年进球纪录的，是20世纪70年代德国队的当家射手盖德·穆勒，"轰炸机"1975年疯狂轰进85球，37年来，斯托伊奇科夫、罗纳尔多等人都曾有过大杀四方的华丽演出，但与穆勒的产量相比仍是量级之差。但对于梅西而言，纪录或许只是数字而已。

这一年伊始，梅西就在对垒巴伦西亚之战中上演大四喜，2012年头两个月，巴萨10号打入了17球，一个尤为明显的进步，在于梅西的任意球。刚跻身一队时，格外提携小老弟的小罗和德科，训练课结束时都会拉上梅西一起练上几脚任意球，前者细心讲解如何踢出诡异的弧线，后者则传授如何利用节奏变化欺骗门将。待到梅西和马拉多纳共事时，"球王"也把任意球绝学倾囊相授："你射门的一瞬间，不要很快让脚离开球，因为球就不会知道你想把它送到什么地方。这是一种交流，球需要精确的信息，需要知道你要用它来做什么。"

三位大师先后点拨，天资无量的梅西迅速融会贯通，对阵西班牙人的"加泰德比"，梅西首次踢出了兼具速度、力量、角度和旋转的"梅氏弧线"，而巴萨10号新武器的最大受害者，又是皇马。梅西的第8个和第10个任意球，都是钻进了卡西利亚斯的十指关，"银河战舰"也成为首支被梅西连续任意球破门的球队。此时的梅西，已经不需要队友的牵制，电光石火，拔脚生死！

3月，梅西的爆发如约而至，31天里，巴萨前锋打进13球，其中对垒勒沃库森更上演了独揽5球的"巴掌戏法"，"药厂"刚出道的年轻门将莱诺，在梅西的

肆意挥洒面前简直像被施了定身术。没到月底，梅西又用任意球攻陷了马洛卡大门，在联赛尚有 1/4 时，就以 35 球超越罗纳尔多，成为西甲单赛季进球纪录的新持有者。

4 月 3 日欧冠 1/4 决赛对米兰，梅西梅开二度，将当届欧冠产量提升到 14 球，追平了 AC 米兰传奇阿尔塔菲尼 1955 年创下的纪录，并列单季欧冠产量之王。

5 月 2 日面对马拉加，进球疯狂到停不下来的梅西上演帽子戏法，年度总进球达到 68 球，打破了穆勒 1972-1973 赛季创造的单赛季正式比赛 67 球的纪录。然而，好事的马德里媒体似乎并不准备让梅西载入史册，他们经过一番考据，发现 1924-1925 赛季，苏格兰前锋斯塔克曾一个赛季打进了 70 球。

还要再进两个？没问题，"梅球王"满足你！5 月 5 日，梅西在加泰罗尼亚德比中又来了一出大四喜，让所有的怀疑者闭上了嘴。

M 整个 2011-2012 赛季，梅西各条战线打进 73 球，助攻 29 次，是足坛首位单赛季创造进球破百的存在。仅在西甲，打进 50 球的梅西，比 13 支西甲球队 38 轮的总产量都多！

即便在国际赛场,梅西的枪管同样热得发烫:6 月阿根廷和巴西在友谊赛中狭路相逢,梅西上演帽子戏法,率队 4 比 3 击败对手,狠狠报了 5 年前美洲杯决赛失利的一箭之仇。

进入新赛季,梅西的进球同样从不迟到,8、9 月的进球浪潮过后,梅西的自然年产量已经突破 60 球,超越所有现役球员,距离穆勒的 85 球已经触手可及,媒体开始第一时间认真讨论巴萨 10 号改写历史的可能性。10 月,梅西在西班牙国家德比中梅开二度后,年度产量提升到 73 球,剩下的两个月,只要保持场均 1 球的纪录,梅西就将完成对穆勒的超越。

12 月 10 日,在曼纽埃尔·洛佩拉球场,5.8 万名球迷,见证了梅西超神的传奇时刻:对阵皇家贝蒂斯,势不可当的梅西开场仅 16 分钟,风驰电掣突入禁区劲射破门,追平穆勒!

9 分钟过后,伊涅斯塔送上助攻,球舒舒服服来到梅西脚下,后者举重若轻,将球送进网底,超越穆勒!

M 91 个进球里,包括 22 次梅开二度、6 次帽子戏法、2 次大四喜、1 次五子登科,每 63 分钟就能进 1 球。这一年,顽皮的上帝偷偷穿上了红蓝 10 号,用梅西的身体,上演了不世出的神迹。

从 2009 年到 2012 年的四年时间里,梅西率先用六冠王奠定足坛第一人的身份,随即又以历史级的数据演出,成为崭新的纪录收割者。全满贯纪录达成的同时,金球奖也成了梅西的自留地:2008-2009 赛季,留着童花头的梅西首次与金球同框时,还略显羞涩;2010 年力压有世界杯在手的队友哈维和伊涅斯塔,梅西神情中仍有局促和惶惑;但待到 2011 年梅西第三次登临颁奖台之时,他的眼神已经格外从容自若。

第五章 我如天火降人间

而当 2013 年 1 月 8 日，梅西连续第 4 年捧起金球奖时，合并刚 3 年的 FIFA 金球奖，几乎成了梅西的自留地。

历史级的新奖项，显然应该授予历史级的数据创造者。超越克鲁伊夫、范巴斯滕、罗纳尔多，以四连庄方式成为金球奖史上第一人，已满 25 岁的梅西，已然有些高处不胜寒。

遗憾的是，金球并未给梅西的 2013 年带来好运：比拉诺瓦不幸腮腺癌复发，不得不紧急入院，但代班的鲁拉完全没有半点主帅气场，连续 13 场丢球的巴萨，面临的问题丝毫不比瓜迪奥拉的最后一季少，刚做完手术的比拉诺瓦心急如焚，不顾家人劝阻提前出院，用一条围巾遮住脖子上的手术瘢痕，病体未愈仍坚持站在一线，燃尽最后一丝生命之火的他，一年后就不幸撒手人寰。而梅西则在几近全勤的2012年后，再度被伤病找上了门。

2013年2月，梅西在对阵巴黎圣日耳曼的欧冠1/4决赛中拉伤了右大腿肌肉，

尽管表情看上去不算痛苦，但次回合时梅西坐在了替补席上，待到比分落后时，替补登场的巴萨10号仍旧一步一拐，但只有一条左腿可以从容运球的他，在对方三名后卫包夹之际，将球巧妙地送给了无人看防的佩德罗，后者为巴萨扳平，"红蓝军团"得以凭借客场进球惊险淘汰对手。然而，明眼人都看得到，此刻的梅西已然是强弩之末。

半决赛做客安联球场，仍旧带伤出战的梅西，已经无法跟上比赛节奏，0比4的比分，是1999年欧冠小组赛负于基辅迪纳摩之后，巴萨在外战的最惨一败。而第二回合，赛前一天被宣布无缘比赛的梅西，在看台上目睹了主队被拜仁3比0各个击破。

第五章 我如天火降人间

0 比 7 的总比分,俨然昭示着瓜迪奥拉留下的遗产已经全部被挥霍殆尽。

这个赛季,巴萨以西甲 100 分追平了此前一季的冠军皇马,并让人心尽失的穆里尼奥就此从伯纳乌下课,球队还一度派出了纯拉马西亚出品的首发 11 人,青训传统再度得以彰显。然而,球队竞争力的持续下滑,已然肉眼可见,尤其梅西在与不在,球队表现完全是天壤之别。

一团黑色的乌云笼罩在巴萨上空:梅西不在,球队何去何从?

应思膝下
频兴慨

2012年，是众望所归的梅西年，但在一众纪录之外，梅西却有着人生至关重要的另一收获：2012年11月，他的第一个儿子蒂亚戈呱呱坠地，25岁的巴萨10号，正式升格人父。

在蒂亚戈降临人世之前，梅西的感情生活远不如同行来得丰富。6岁时，梅西认识了比自己小1岁的安东内拉·罗库佐，后者是梅西效力格兰多利时队友卢卡斯·斯卡利亚的堂妹。彼时的梅西刚上小学，性格内向羞涩，除去体育课成绩尚可，其他科目成绩都不甚理想，直到二年级时才有所改观。尽管和安东内拉就读于同一所学校，但梅西只敢在课余偷瞄这个一脸稚气的小姑娘。而在格兰多利的训练结束后，梅西常常不回家，而是跟着斯卡利亚，就是为了能多看安东内拉两眼，但后者彼时对梅西并无特别感觉。此外，两家的家庭条件也略有差距：梅西的父亲虽然在钢厂担任管理岗位，能养活一家人温饱；但安东内拉的父亲经营着连锁超市，是当地不折不扣的上流人物。

11岁那年，梅西鼓足勇气向安东内拉告白，和莱奥青梅竹马多年的安东内拉欣然应允。然而，由于2000年梅西和父亲前往巴塞罗那，聚少离多的两人，感情一度随着天各一方逐渐转淡。梅西为在巴萨梯队不断晋级而挥洒汗水，而身边不乏追求者的安东内拉则和一位邻家男孩谈起了恋爱。转眼已是2005年，梅西已在巴萨一队崭露头角，而安东内拉则遭遇了人生首次精神重创：她无话不谈的闺蜜乌尔索拉酒后驾车发生车祸，不幸罹难。伤心欲绝的安东内拉在给梅西的电子邮件中吐露了痛苦，而梅西没有任何等待，直接飞回阿根廷，形影不离地陪在安东内拉左右。两人见面时，安东内拉的泪水夺眶而出:"莱奥,我以为你再也不会回来了……"

M 朝夕相处中,两人的感情逐渐升温,但低调的梅西并没有将恋情公之于众,只有最要好的死党才知道两人非同一般的关系。

短暂的联赛间歇期一晃而过,梅西飞回巴塞罗那,开启了首个主力赛季,而安东内拉则继续在罗萨里奥国立大学攻读医学学位。而伴随着梅西日渐扬名,有关其感情生活的猜测也甚嚣尘上,甚至不乏无良骨肉皮在八卦杂志上捏造与梅西各种相处的经历。种种流言之下,2009年3月,梅西终于站出来公开辟谣:"我有女朋友,她在阿根廷。"至此,安东内拉才为世人所知。2010年夏,顺利完成答辩的安东内拉没有如家人所愿成为一名牙医,而是立马飞赴加泰罗尼亚,和即将备战世界杯的梅西团聚。

然而,上天似乎注定要考验这对异地恋10余年之久的爱侣。2011年3月,梅西的外公在接受媒体访谈时突然表态:"莱奥没有女朋友,他还是单身。"但和梅西有夫妻之实,却始终没有名分的安东内拉,对此并不介怀,而打小就知道安东内拉品性的梅西父母,对这个准儿媳格外

第五章 我如天火降人间

认可,无论是家人聚会,还是梅西出席各类重要场合,安东内拉都相随左右。而伴随着蒂亚戈的出世,在巴塞罗那度过10年单身生活的梅西,才过了两年的两人世界,就干起了奶爸的新行当。而婴儿时代的蒂亚戈,并不像父亲当年那样瘦削,胖乎乎的他因一张被梅西扛在肩头的照片,被中国球迷起了个"煤气罐"的诨号。不过,如今度过尴尬期的蒂亚戈,已是9岁的翩翩少年,集中了父母长相优点的他,举手投足颇有几分气场。

而作为家中的开心果,2015年出生的次子马特奥,则是个十足的捣蛋鬼,一头卷毛的小家伙几乎处处跟家人唱反调,甚至和父亲一起观看国家德比时为皇马叫好,连梅西谈起这个顽劣的小家伙,都不免骂出"小兔崽子"!至于2018年出生的小儿子西罗,天生自带萌点的他,多次穿着巴萨球衣、含着奶嘴被父亲带上场,有鉴于马特奥支持球队方面的"叛变投敌",小儿子的信仰必须从襁褓抓起!

在蒂亚戈出生5年之后,亦即2017年6月30日,刚度过30岁生日6天的梅西,在罗萨里奥盛大地迎娶了安东内拉,在担任花童的两个儿子的环绕下,梅西将迟来的戒指套在安东内拉的无名指上,并深情吻着与自己携手爱情长跑21年的妻子。

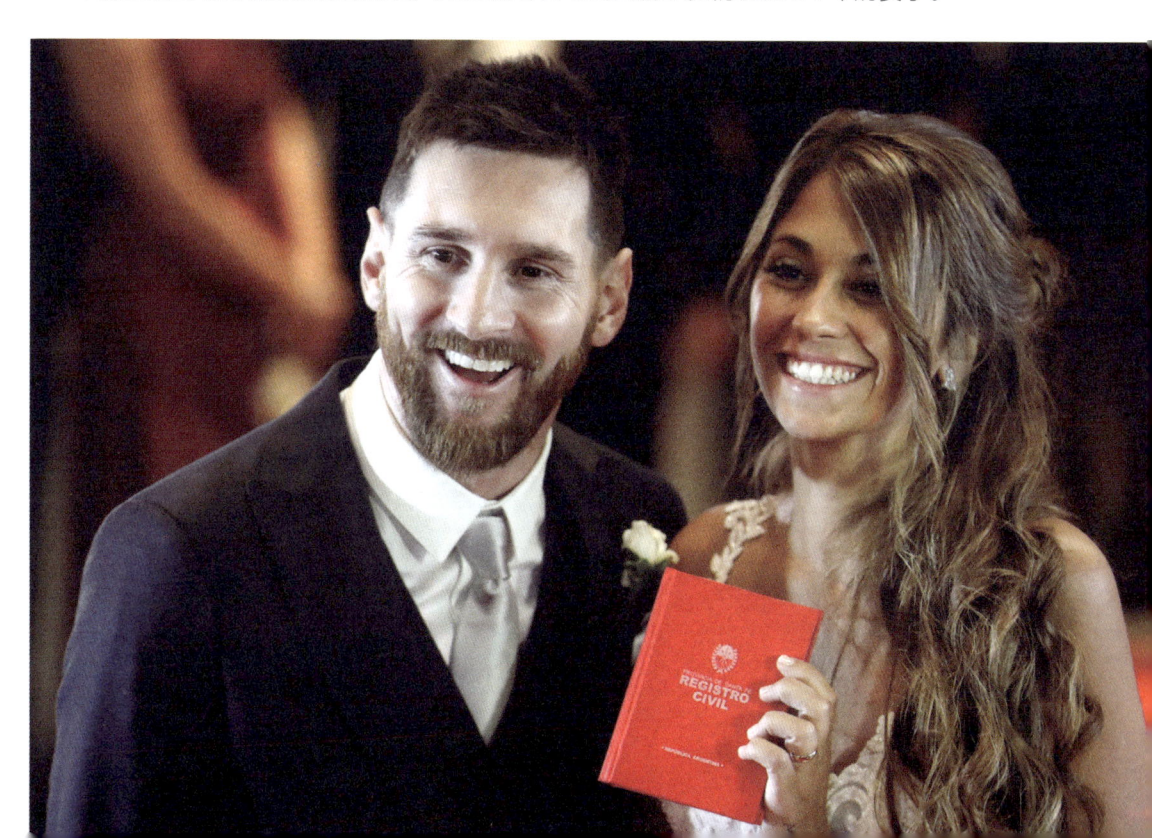

M 尽管两人都已不再年轻，婚礼更多是给家人和亲友一次温暖的团圆，但在纷繁离乱的足球世界里，一份纯真得不食人间烟火的爱情，能在无所不有、几无所求的梅西身上历久弥坚，爱，就该如此简单。

天伦之乐，让梅西略显失落的 2012 年有了个还算温馨的尾声，然而，梅西很快要直面全新的烦恼：2013-2014 赛季开始前，病情再度恶化的比拉诺瓦不得不再度告别了教练席，继任者是梅西的同胞马蒂诺，但这位从未执掌欧洲豪门的草根主帅，除去继续豪赌梅西的个人输出，对球队几乎没有任何改造。与此同时，历经长达 3 年的谈判，巴萨终于以超过 1 亿欧元的世界第一身价，挖来了年仅 21 岁的内马尔。在桑托斯身披贝利曾穿过的 10 号战袍的单车少年，不但能以华丽的盘带为梅西分忧，更被视作巴萨的下一代核心。然而，巴西人过于执迷个人盘带的风格、场外不断的花边新闻，尤其是经纪人父亲老内马尔坚持让巴萨支付的 1500 万欧元年薪，让两代南美巨星的携手，少了纯粹，多了纷扰。

球迷的担心很快变成了现实，还没等两人珠联璧合，连续两季天神下凡的梅西，却又像 2007-2008 赛季一样，被持续而频繁的伤病困扰不已：联赛第 7 轮对阵阿尔梅里亚，梅西进球后没有庆祝，而是痛苦地捂着自己的右腿——上赛季让他缺席了对垒拜仁次回合的肌肉拉伤，又发生在右腿的同一部位。11 月，复出未几的梅西，又在对手的粗暴犯规下无法坚持比赛，这次巴萨 10 号整整休息了两个月。这一年，梅西先后 6 次遭遇伤病困扰，数据下滑的同时，巴萨也在各条战线纷纷受挫。

而更令梅西始料未及的是，身陷金融危机的西班牙，打起了向外籍球星征税的歪脑筋。这一年 7 月，加泰罗尼亚大区检察官拉奎尔·阿马多宣布起诉梅西及其经纪团队涉嫌税务欺诈，指控梅西父子在 2007 年到 2009 年之间，通过开设在伯利兹和乌拉圭等避税地的公司，接收赞助商给予的高额代言费用，通过低税率甚至零税率，

第五章 我如天火降人间

累计逃税 410 万欧元。事发当天,在友谊赛踢完上半时的梅西,铁青着脸要求被换下场。此前,为吸引外籍巨星前来西甲效力,西班牙曾出台"贝克汉姆法案",亦即外援在西班牙效力的前 5 个赛季,享受 24% 的个人税率(西班牙本土球员这一税率为 43%)。然而,自 2009 年这一法案被废止后,加泰罗尼亚地区的西班牙球员个人所得税率一度高达 56%,2005 年就取得西班牙国籍的梅西,自然也不例外。而在当时,通过开设在低税率国家的公司,运作球星肖像权,几乎是成名球星的常规操作。然而,西班牙税务部门追着梅西不放,显然有些开刀立威的意味。

伤在身,更伤在心,梅西的 2013-2014 赛季,用他自己的话说:"我们踢得异常挣扎,赛季是彻头彻尾的失败。"这个赛季,西蒙尼执教的马竞,成为巴萨的梦魇:欧冠 1/4 决赛,铁血死守的"床单军团"以总比分 2 比 1 将巴萨淘汰出局,"红蓝军团"6 年来首次无缘四强;联赛收官战,取胜方能夺冠的巴萨,在诺坎普被马竞生生逼平,以 3 分之差无缘冠军。加上国王杯决赛 1 比 2 不敌皇马,三大皆空的巴萨,在后瓜迪奥拉时代的衰退令人痛心。

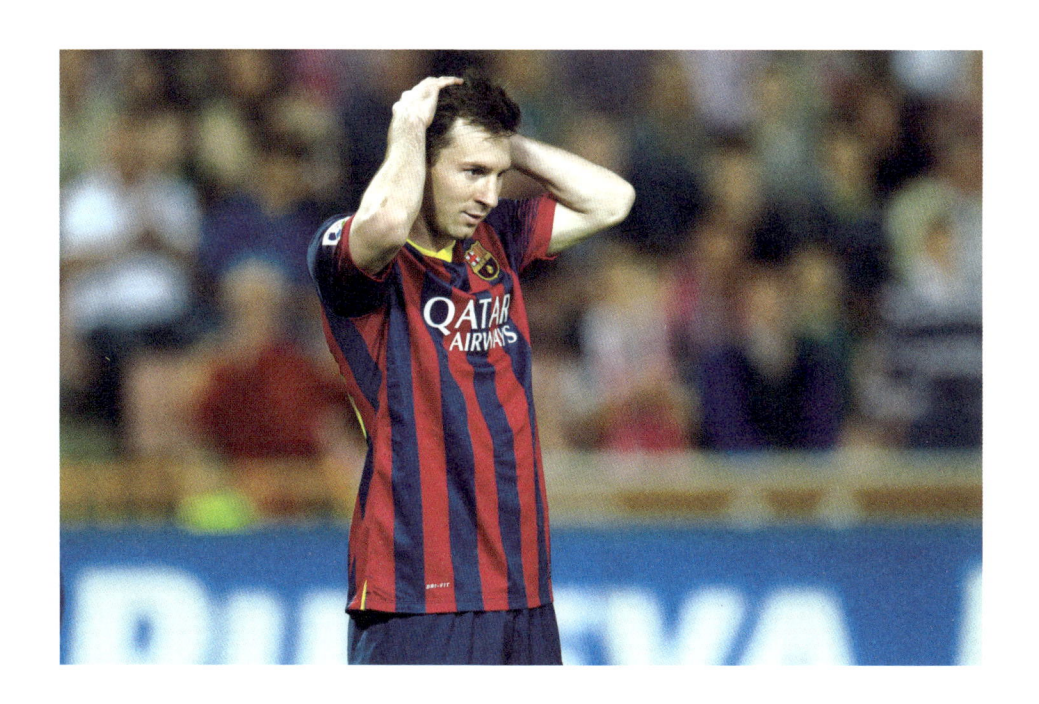

身为球队领袖,梅西的低迷状态显然逃不过悠悠之口。然而,在逃税案中并没有全力保护梅西的巴萨,也是泥菩萨过河——自身难保:主席罗塞尔因操办热身赛从中牟利、做假账为自己和掮客洗钱而被检方起诉,尤其在操办内马尔转会事宜中,通过各种渠道支付给桑托斯和内马尔一家远高于成交价的各种费用,成为罗塞尔百口莫辩的罪状。被迫辞职的他,旋即被西班牙检方宣判入狱,沦为阶下囚长达 643 天。更重要的是,巴萨默许了梅西略有留力的比赛态度。

因为那个夏天,世界杯就要来了。

难酬壮志凭孤剑

2010年世界杯后，2008年带队摘得奥运金牌的巴蒂斯塔，接替马拉多纳成为梅西的新上司。然而，这位性格略显优柔寡断的好好先生，着实镇不住"蓝白军团"的一众大牌。2010年，"潘帕斯雄鹰"在热身赛中居然0比1输给了日本队，一年后的美洲杯，1/4决赛阿根廷队又点球战不敌乌拉圭队，早早出局。举国震怒之下，巴蒂斯塔唯有辞职以谢罪。接替他的，是一位身材不高、容貌慈祥、略有谢顶和驼背的中年人——亚历杭德罗·萨韦利亚。

1990年世界杯后，阿根廷队历次选帅历程都槽点多多，但唯独此次萨韦利亚的上任，算是及时纠偏。得益于东道主巴西队不参加南美区世预赛，少了头号对手的阿根廷队卸下了巨大压力，16场预选赛取得9胜5平2负，打进35球。而梅西也少有地开启了超人模式，10个进球仅次于苏亚雷斯，名列预选赛射手榜次席。

比起坚持让梅西出任经典10号位的马拉多纳，萨韦利亚显然没有那么强的执念。梅西在"蓝白军团"的4411新阵中，位置介于前锋和中场之间，拥有绝对的进攻自主权。与几位前任有名无实的攻势足球不同，巴西世界杯周期的"蓝白军团"，是率先立足于不丢球、然后靠前场巨星解决战斗的防反高手。这和1986年世界杯时比拉尔多的思路有异曲同工之妙，而梅西承担的职责，与28年前的马拉多纳别无二致。全队以步调一致、极具强度的压迫，坚决将对手的进攻阻断在危险区域之外，而至少能吸引两名防守球员的梅西，也给了其他队友充分的开火机会。

世界杯小组抽签形势似乎也支持"潘帕斯雄鹰"往日重现。相比于小组赛阶段就要死磕上届亚军的卫冕冠军西班牙队，以及身陷死亡之组的意大利队、英格兰队与

第五章 我如天火降人间

乌拉圭队,阿根廷队的小组对手,不过是新军波黑队、亚洲球队伊朗队,以及多次相逢却从未战胜过自己的送分童子尼日利亚队。而对于已有两届世界杯履历的梅西而言,经历了首次参赛时的见习和二度参赛时的挫折,正值黄金年龄的他,也到了夺得个人首个成年赛事冠军的时候。出现在巴西的梅西,眼神少有的坚定而郑重,训练中更是以身作则,全力以赴。

然而,小组赛本该闲庭信步的"蓝白军团",却在死对头的土地上略感水土不服,全队踢得松散而凌乱,但好在梅西极大提升了球队的容错率。小组揭幕战,开场仅 2 分钟梅西精确的任意球就找到了罗霍,后者的头球令波黑队自摆乌龙。然而其他时间,三线松散的阿根廷队并没有展现出高人一等的实力,而在萨韦利亚授意下,跑动并不算多的梅西,还是抓住了一次不是机会的机会,在波黑队禁区前沿一路横带后起左脚爆射入网。"蓝白军团"如愿拿下开门红。

尽管首战取胜,但亮点寥寥的阿根廷男足,还是没能逃过媒体的口诛笔伐,尤

王者梅西

其是梅西的"散步"踢法，更成了集火焦点。然而次战伊朗，人们看到的是一个跑动距离突破 8000 米、累到叉腰呕吐的梅西。在贝洛奥里藏特迫近 35℃的高温下，常规时间仍和对手难分难解的阿根廷队，又在最后时刻见证了梅西的神奇演出，又是熟悉的"梅西走廊"，又是左脚精确到以厘米计算的射门。全场表现都无懈可击的波斯铁骑，最后时刻拜倒在了梅西的华丽舞步之下。

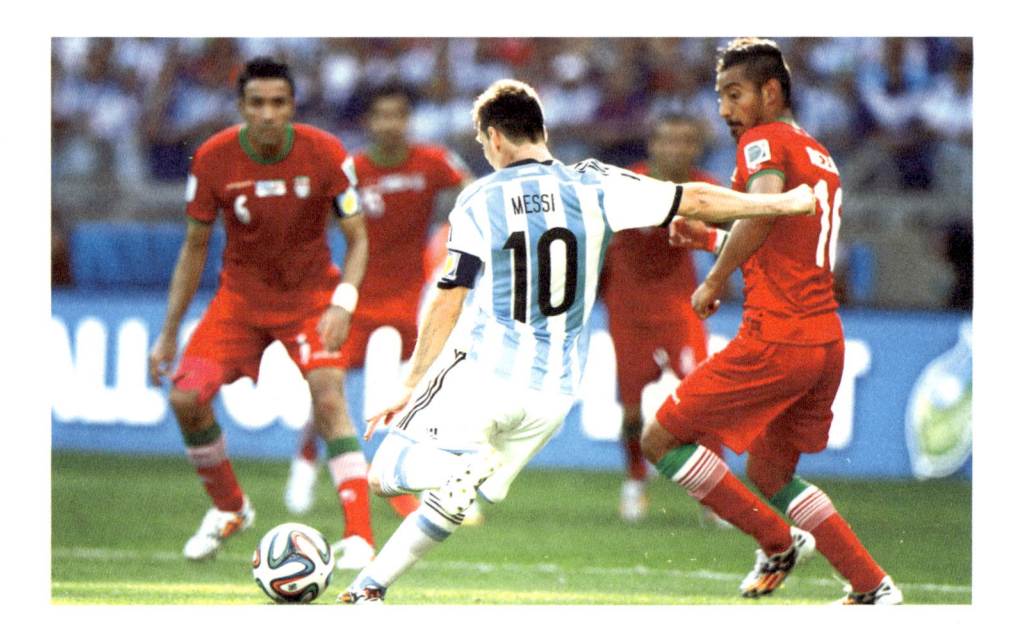

两连胜提前出线，但刚度过 27 岁生日的梅西仍要亲力亲为，他的补射和直接任意球得手，让两度扳平比分的尼日利亚队无可奈何。也就在这场比赛里，梅西享受了这届杯赛唯一的休息：在比赛还剩 27 分钟结束时，他被里基·阿尔瓦雷斯换下。

M三连胜的阿根廷队锁定小组头名，而梅西则是全队前进的定海神针，3 场比赛，梅西 11 次射门 5 次在门框范围内，打进 4 球成为小组赛阶段射手王。毫无疑问，这是历届世界杯上表现最抢眼的梅西。

第五章 我如天火降人间

小组赛破门效率直追2012年，进入淘汰赛阶段，梅西自然逃不开对手的严密盯防。1/8决赛面对以战术纪律严明著称的瑞士队，梅西有如被贴上了橡皮膏药，每推进一步，都要面对多层防线的围追堵截。然而阿尔卑斯人筑起的高墙，还是被梅西发现了唯一的空间。加时赛第118分钟，中路突破的梅西吸引多名后卫合围后，突然分球给斜刺里杀出的迪马利亚，后者如同2008年奥运会决赛一般，一脚低射建功，避免了点球大战的来临。1/4决赛面对风华正茂的比利时队，梅西和队友们选择速战速决：开场仅8分钟，"蓝白军团"就打出眼花缭乱的前场小组配合，梅西继续选择信任迪马利亚，后者完成连线后助攻伊瓜因，"小烟枪"未做调整立马开火，猝不及防的比利时门将库尔图瓦只能望球兴叹。时隔24年，阿根廷队再度杀入世界杯半决赛。

28年前的马拉多纳，小组赛阶段以无孔不入的传球策动着全队，进入淘汰赛才展露出杀手本色，对垒英格兰队和比利时队都梅开二度，充分证明进球"非不能也，乃不为也"。然而，28年后的梅西，必须要首先担任射手确保阿根廷队锁定头名，而当淘汰赛来临，体能濒临透支、不得不选择强行突破与对方"兑子"，这样悲壮而惨烈的"向死而生"，在半决赛对垒荷兰队的长盘大战中展露得淋漓尽致。同样已是强弩之末的荷兰队，全场都在追击梅西、不断绞杀，而进攻端则依靠罗本的速度不断威胁阿根廷队腹地。持续的消耗战下，再度来到场边呕吐、疲惫到几近脱水的梅西，枪管早已过热，却仍要一次次地面对橙色的刀山火海，而他的搏命精神也鼓舞了队友。加时赛中，面对已经形成单刀之势的罗本，一路疯狂回追的马斯切拉诺飞身铲球，将绝杀拒之门外，为了阻止这个必进球，"小马哥"当场肛裂，但忍着剧痛的他，坚持踢到了比赛的最后一刻。

点球大战中，心浮气躁的荷兰队终于展现出对点球与生俱来的恐惧，多位主力拒绝主罚，弗拉尔和斯内德相继射失的同时，身先士卒的梅西第一个站上12码线稳稳命中，极大地鼓舞了全队士气，仅用4轮点球，阿根廷队便已4比2淘汰"橙衣军团"。而他们的对手则是德国队，几乎踢疯了的"日耳曼战车"，半决赛以7比1将东道主巴西队淘汰出局，是更被看好的冠军得主。

王者梅西

走到决赛的阿根廷队已是遍体鳞伤：梅西密友阿圭罗 1/4 决赛前就因伤报销，另一位多年拍档迪马利亚始终轻伤不下火线，而梅西等主力历经两个 120 分钟鏖战，早已极度疲惫。但在马拉卡纳球场，心理优势满满的德国队，却在萨韦利亚抢开局的思路前狼狈不堪：第 20 分钟，克罗斯头球回传失误，伊瓜因截球形成单刀，但他的射门却神使鬼差地偏出了立柱。下半时伊始，卢卡斯·比利亚的直传又找到了禁区左侧的梅西，在对方中卫形成合围之际，迎来准单刀机会的梅西推射远角，球再度偏出立柱。而当加时赛老将帕拉西奥单刀挑射再度偏出，所有阿根廷球迷都心知肚明，胜利女神不在自己这一边。首发平均年龄迫近 29 岁，此前淘汰赛 1 球不失的防线，随着比赛时间推移，风险系数在不断提升。

比赛第 113 分钟，阿根廷队最担心的一幕发生了，替补登场的德国队中场格策突入禁区，在行将倒地前果断选择射门，保持了 485 分钟不失球的门神罗梅罗，对这个突如其来的射门猝不及防。失守的阿根廷队全线发动反击，并在伤停补时阶段赢得了一个距离球门近 40 米的任意球，但梅西开出的任意球既无速度也无弧线，伴随

第五章 我如天火降人间

着里佐利三声长哨,阿根廷队在距离点球战仅剩 7 分钟的当口无奈地倒下。

赛前,两队从球员通道走进球场时,梅西摸了一把大力神杯,但这次下意识的举动,却成了那个夏天梅西和金杯唯一一次的亲密接触。"更好的机会都在我们的手上,我们本可以战胜德国队。用这样的方式结束实在让人悲伤,我们理应获得更好的结局。"赛后,红了眼眶的梅西对球队挥霍良机追悔莫及,颁奖仪式上,和队友们领取银牌的梅西孤零零地站在一边,即便拿到了世界杯金球奖,他也只是和德国队队长诺伊尔礼节性地握了握手,眼中满是遗憾和不舍。

"莱奥配得上金球奖,他是球队走到决赛的决定性因素。他已经超越了伟大,凌驾在众人之上。"虽然没有如愿金杯加身,但萨韦利亚对头号球星的评语,足够客观公允。7 场比赛中,梅西有 4 场当选全场最佳,完成 4 球 1 助攻的成绩单之外,还创造了 23 次得分机会，完成了 46 次成功过人，两项数据均冠绝全部参赛选手。然而，实力有限的阿根廷队，走到决赛已是天花板，梅西未能逆天改命，实属情理之中，而非意料之外。

又一个 4 年，27 岁的梅西已经不再年轻，4 年后的俄罗斯仍是未定之天。但令他稍感宽慰的是，巴萨重新张开了怀抱，以更厚实的阵容、更果决的领路人，弥补了梅西在巴西的全部伤痛。

"我当年的纪录是在60场比赛中攻入85粒入球,那已经是1972年的事情了,而今天梅西——这个世界上最优秀的球员终于打破了这一纪录,我为他感到高兴。"

——盖德·穆勒

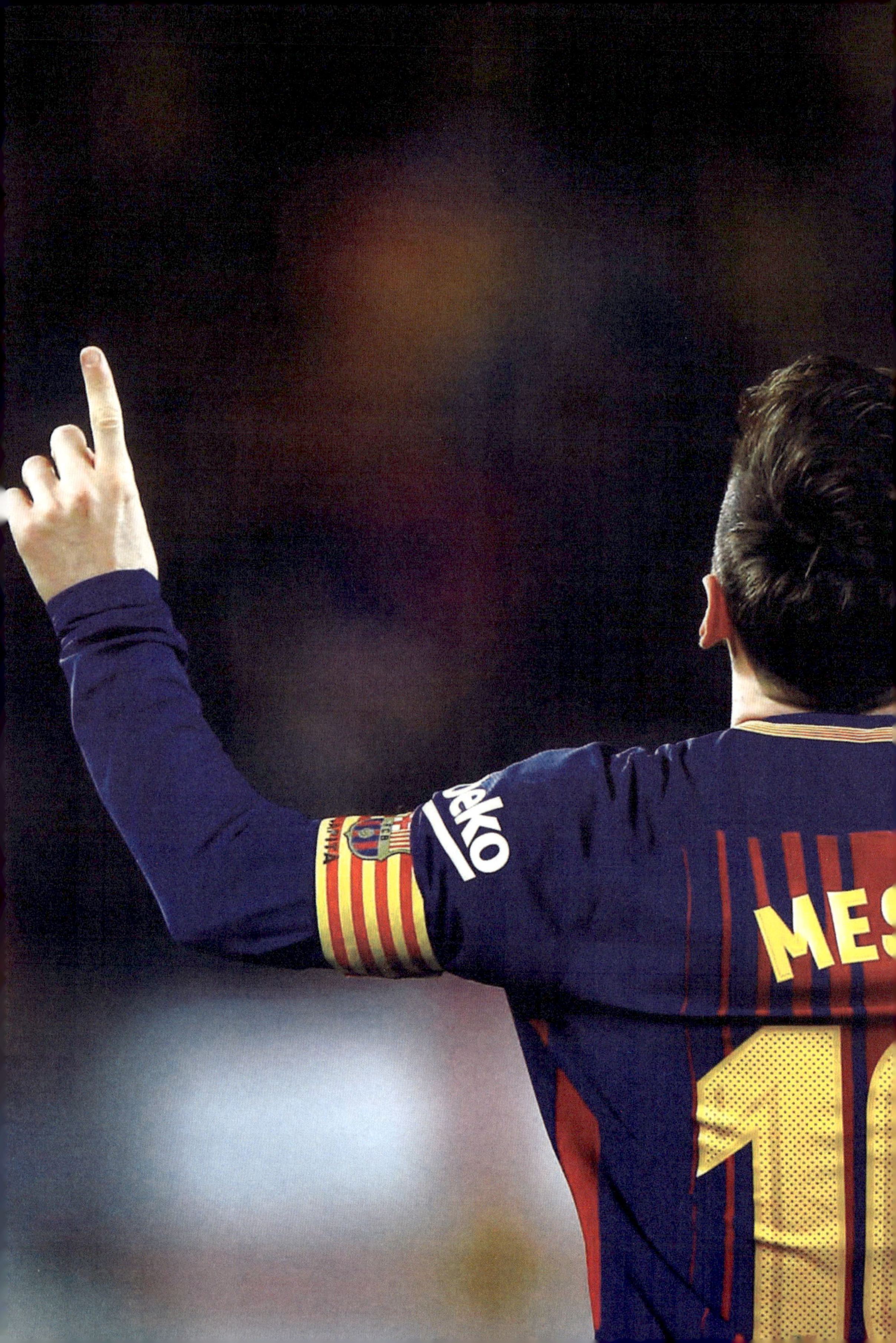

第六章

江湖夜雨
十年灯

相逢意气
为君饮

一群人的狂欢背后，是一个人的孤单。痛别大力神杯后，梅西并没有更多时间舔舐伤口，即将迎来代表巴萨一队第 10 个年头的他返回诺坎普时，恍若回到了 2008-2009 赛季，从教练到队友，尽是新面孔。

败军之将马蒂诺就地下课，并不出人意表，在球队最迷茫的当口，看守内阁请来的是一位硬汉：路易斯·恩里克。球员时代，这位留着锃亮光头的前场多面手，1995 年由巴萨宿敌皇马转投而来，并以和皇马恩断义绝的方式迅速征服了诺坎普。在巴萨世纪之交最灰暗的日子里，佩戴着队长袖标的他，进球后狂野地挥拳庆祝，这是每每挥起白手绢的诺坎普难得一见的狂野宣泄。2004 年夏，为给重建期的巴萨腾出空间，尚有一战之力的恩里克提前宣布退役。热衷自行车、马拉松、铁人三项的他过足了极限运动的瘾之后，先接替瓜迪奥拉执掌巴萨 B 队，随后又入主罗马。虽然过于强硬的执教风格毁誉参半，但敢于正面硬刚"红狼"传奇托蒂，委实可见恩里克的风骨，从未因身份改易而有所消退。

在这个夏天，巴萨引进的新人，几乎可以更迭半个主力阵容：功勋门将巴尔德斯离队后，布拉沃和特尔施特根一老一少各司联赛和杯赛，形成双保险。阿森纳队长费尔马伦

和法国中卫马蒂厄，也令皮克和马斯切拉诺有了足够的替补。一头金发、球风硬朗而不失潇洒的拉基蒂奇，取代了即将在赛季结束离队的老队长哈维，搭档伊涅斯塔和布斯克茨。但最让球迷惊异的是，花了巴萨 8125 万欧元的路易斯·苏亚雷斯。

加盟巴萨之前，已先后夺得荷甲和英超金靴的乌拉圭射手，正面临着人生中最大的麻烦：世界杯小组赛对垒意大利，在和对方中卫基耶利尼对抗中，苏亚雷斯一口咬在了意大利人肩膀上，就当委屈的"椰子"展示肩头清晰可辨的牙印时，苏亚雷斯却如遭雷击般躺倒在地、捂着嘴打滚。从真咬一口到反咬一口，乌拉圭 9 号造作的演技，固然骗过了当值主裁，却逃不过 FIFA 的重磅罚单，因违反体育道德，苏亚雷斯被禁赛至当年 10 月。而在此之前，出道早年的乌拉圭人，也曾在荷甲亮出獠牙，此后又在英超用种族主义言辞辱骂埃弗拉，三次"触犯天条"，均招致漫长停赛。

诚然，速度惊人、射术精湛、不知疲倦的苏亚雷斯，是当时足坛的最佳 9 号位之一，但他暴烈的脾气和劣迹斑斑的过往，之于巴萨着实是定时炸弹。然而，在已经拥有了阿根廷和巴西最出色球员的巴萨，将南美三强第一人汇合为史上第一锋线，仍是任何

第六章 江湖夜雨十年灯

豪门都无法抗拒的诱惑。虽然"苏牙"只能跟队训练保持状态,但好事的球迷已经迫不及待地将三人姓氏的首字母缩写,组成了一个朗朗上口的组合——"MSN"。 这款微软出品的聊天软件,在当时已然穷途末路,但之于巴萨,却是刚上路的传奇。

那个赛季,巴萨的开局并不顺利:梅西和内马尔带队的巴萨,在9月末就被同样球星云集的巴黎圣日耳曼在欧冠上了一课。而面对卫冕冠军皇马,临阵复出的苏亚雷斯明显不在最佳状态。在伯纳乌,先进1球的巴萨被更老练的对手连入3球逆转,而当1月4日,巴萨在阿诺埃塔球场0比1不敌皇家社会后,以哈维为首的老将在更衣室发动了兵谏。拉马西亚老臣们直言,恩里克必须放弃快速通过中场、依靠锋线三人组解决战斗的思路,瓜迪奥拉遗留的传控传统,固然在过去两年有意无意被淡化,但对于巴萨而言,这仍是将比赛节奏握于己手的核心利器。

此前,短暂执教意甲的恩里克,强调防守的协同性和反击的快速有效,但在威望更甚于自己的哈维面前,一向宁折不弯的"恩叔",做出了一个改变生涯轨迹的决定,尽管这或许并非他本意:此后哈维下半时替补"镇场"。这成了巴萨屡屡转危为安的妙手:靠"MSN"抢先手建立比分优势,然后哈维和伊涅斯塔等人稳住局势,待到反扑未果的对手自曝破绽,由"MSN"再度完成收割——胜利,其实并没有那么麻烦。

而从欧冠小组赛收官战3比1击败巴黎开始,同场全部进球的"MSN"组合,也经历磨合期的阵痛后绽放出夺目光彩:终于不必再进球、组织一肩挑的梅西,将持球推进重担交给了内马尔,而能用身体任何部位完成进球的苏亚雷斯,用大量的无球跑动带走了防线,为梅西开辟了足够化腐朽为神奇的空间。比起诸多历史级锋线组合,"MSN"在保持了最原汁原味的南美足球的同时,也以前所未有的无私球风和彼此友谊在各方面都树立了标杆。

西甲下半程,仅输一场的巴萨完成了后发先至的大逆袭,而与此同时,2014年打出华丽22连胜、一只手几乎摸到西甲冠军的皇马,却在2015年突然土崩瓦解:新年首战1比2不敌巴伦西亚后,对贝尔好一通吐槽的C罗,立马上了各大报纸体育版头条。老好人安切洛蒂试图弥合"BBC组合"出场时间和球权的不均衡态势,但本就鸡同鸭讲的三人组，愈发貌合神离。国王杯和联赛，皇马先后被同城对手马竞欺凌，其中尤以联赛 4 球惨败为甚：这场溃败中，全场梦游的皇马仅有 1 次射正，而对手则高达 17 次。

这样糟糕透顶的皇马，自然在国家德比中难逃一败，面对士气如虹的巴萨，一度扳平的皇马，最终仍不免被苏亚雷斯一击致命，输掉 6 分之战后，西甲争冠的天平就此逆转。

而在欧冠战场，已臻化境的"MSN"，成为各大联赛冠军的终极噩梦：1/8 决赛对垒曼城，苏亚雷斯的梅开二度甚至让梅西慷慨地将点球送到了蓝月门神哈特手中；1/4 决赛再战小组赛对手巴黎圣日耳曼，梅西仍旧在寻找准星，代劳的苏亚雷斯和内马尔各自包办主客场，联手 5 个进球打得法甲冠军丢盔弃甲。但当半决赛对阵出炉，所有巴萨球迷都屏住了呼吸：站在他们对面的拜仁主帅，恰是缔造了"六冠王"神迹的瓜迪奥拉。

这是瓜帅离开巴萨之后，首次以对手身份直面母队，而作为"梦三"的当家头牌，与瓜帅互为知己的梅西，3 年间和前上司的互动，仅限于各大颁奖礼上偶遇时的寒暄。但在球场上，回应故人的最佳方式，便是进球和胜利。

诺坎普首回合，多名主力缺席的拜仁固然实力严重受损，但对巴萨知根知底的瓜帅，以严密防线锁住"MSN"的同时，数次直捣结合部的反击险些提前杀死比赛，若非莱万将近在咫尺的射门挥霍，狂攻未果的巴萨，甚至要被对手先咬一口。最终解决战斗的，是此前两轮淘汰赛略显平寂的梅西。比赛还剩 13 分钟时，梅西复刻了 2010-2011 决赛对阵曼联的无解进球，他大禁区线前暴力远射入网，此前对垒梅西

第六章 江湖夜雨十年灯

零失球的诺伊尔,终于在这记刁钻的贴地斩面前缴枪。3 分钟后梅西卷土重来,这次他连续两次上身晃动,佯装变向地过人,让如影随形的博阿滕失去重心,重重跌倒在地。这个"犯罪式过人"后的终结技,是越过诺伊尔头顶的写意挑射,伴随着内马尔补时阶段反击一条龙得手,3 球完胜的巴萨锁定决赛名额!

在柏林奥林匹克球场 7 万名观众的注视面前,时隔 19 年重返欧冠决赛的尤文,成为拦在巴萨面前的最后一个五大联赛冠军。为防住梅西,尤文主帅阿莱格里派出了两条移动防线的 352 阵形,甚至不惜让恶汉后腰比达尔从开场就追着梅西亮鞋钉。巴萨 10 号人生参加的 3 届欧冠决赛中,有且仅有这一次未能破门。但得到施展空间的苏亚雷斯和内马尔已经势不可当,前者在双方胶着之际打破僵局,后者则再度扮演锁定比分先生,3 比 1,巴萨再次站上欧冠之巅!

千古非常奇变起

"梦三"解体后时隔仅 3 年，巴萨再度完成竞技层面的收割。分别为 28 岁、28 岁和 23 岁的"MSN"，会让欧洲足坛再度大结局吗？遗憾的是，并没有。这支过度依赖成熟老将的"红蓝军团"，某种意义上仍在吃"梦三"老本，而苏亚雷斯和内马尔的到来，固然凭借个人能力掩盖了球队日渐深重的暮气，却无法阻止岁月的又一轮侵蚀。2015-2016 赛季，本该乘胜追击的巴萨再度马失前蹄，欧冠 1/4 决赛被铁血马竞淘汰。那个赛季，国王杯、世俱杯、欧洲超级杯固然让巴萨博物馆的奖杯陈列室继续充盈，但联赛收官阶段一度遭遇三连败的他们，仅以 1 分优势惊险卫冕，更别提西班牙超级杯首回合 0 比 4 输给了毕尔巴鄂竞技，全靠巨星以攻代守的思维，旋即在 2016-2017 赛季遭到更加惨烈的反噬。

那一年，前 7 轮联赛就遭遇 2 场败仗的巴萨，始终在皇马身后苦苦追赶，4 分差距成了可望而不可即的天堑。而在欧冠，1/8 决赛做客王子公园球场的他们，被巴黎圣日耳曼摧枯拉朽的防守反击 4 比 0 痛击，而比迪马利亚和卡瓦尼肆意欢庆更加戳心的，是赛后不到 24 小时恩里克便宣布了赛季结束卸任的决定。主帅提前跳船，已经触礁的巴萨号巨轮，随时

可能沉没。危难时刻，球迷们继续将视线锁定在了首回合表现黯淡的梅西身上。

"他们能进我们4个，为什么我们不能进他们6个？"赛前，光脚不怕穿鞋的恩里克，着实语惊四座。就当媒体准备提前写好"悼词"，为一只脚踏进悬崖的巴萨送行时，回到诺坎普的巴萨，派上了全部进攻球员："MSN"全部首发之外，伊涅斯塔和罗伯托也在边路形成第二梯队，持续向客队腹地施压。主队逆转的决心在开场仅3分钟便彰显无遗，拉菲尼亚传中造成巴黎禁区内持续混乱，苏亚雷斯鬼魅般出现在小禁区，抢在特拉普进球前一头将球顶入网窝，此球对禁区内有6人布防的巴黎无疑当头棒喝——仅靠守，4球领先不保险！

打破坚冰，巴萨乘胜追击，伊涅斯塔接应拉基蒂奇挑传完成踢墙二过一，被逼到底线的巴萨队副巧妙脚底磕球传中，猝不及防的库尔扎瓦解围不慎自摆乌龙。上半场行将结束前，内马尔单挑默尼耶以速度优势完成超车，跌跌撞撞的比利时人从身后将巴萨11号绊倒，阿特金指向点球点，这次梅西站上点球点一蹴而就。仅用45分钟，巴萨就离追平比分仅剩1球！

然而，幸运女神似乎并不准备让巴萨顺风顺水扩大战果。比赛来到60分钟，重攻轻守的巴萨终于付出代价，皮克助攻中圈只得战术犯规，巴黎直接长传攻入禁区腹地，来不及退防的巴萨众将，眼睁睁看着卡瓦尼中路一脚爆射入网。诺坎普顿时鸦雀无声，埃梅里激动到和助教紧紧相拥，仿佛已经拿下了比赛，这意味着"红蓝军团"必须在剩余不到半小时的常规时间打进3球才能逆转晋级！

第六章 江湖夜雨十年灯

此时，巴萨球员的表情分成了鲜明的两派，不少老将已经面露绝望之色，但内马尔、苏亚雷斯、特尔施特根等人依旧不愿放弃：特尔施特根挡出卡瓦尼准单刀，逃过此劫的巴萨再次展开围攻；而内马尔则成为比赛最亮眼的存在，在补空门被对手挡出后，巴西人将自己制造的任意球直接送入球门顶端；常规时间结束前最后1分钟，苏亚雷斯突入禁区在和马尔基尼奥斯身体接触后倒地，阿特金再次指向点球点，梅西将点球让给内马尔，巴西人骗过特拉普打反角度入网。沉寂了近半小时的诺坎普再次响起掌声和欢呼。

比赛最后时刻，弃门出击的特尔施特根成为奇兵，在被对手放倒后，禁区内人数和巴黎持平的巴萨，在补时结束前赢得最后一次进攻机会，内马尔任意球传中被顶出后，再度截获球，巴西人的挑传找到了小禁区内距离球门最近的罗伯托，巴萨右后卫飞身将球扫入网底，6：1！巴萨就此完成逆转。

王者梅西

伴随着诺坎普陷入山呼海啸般的狂野,两位西班牙教头的肢体语言再鲜明不过地浓缩了比赛。狂奔着的恩里克喜极而泣,被教练团队和队员们层层压在身下,接受采访时声音已经嘶哑,语无伦次地表示:"我说我们能进6个,是料定他们会进1个!"而表情从轻松到狂喜到凝重再到绝望的埃梅里,只能以手掩面、紧闭双目,无法相信眼前的一切。欧冠创始以来,从未有球队在淘汰赛首回合4球落败的情况下完成逆转。

诚然,这场史诗逆转最亮眼的明星,当数上演帽子戏法的内马尔,但赛后媒体的头版照片却是梅西在山呼海啸的球迷簇拥之下,挥起拳头狂野嘶吼。诺坎普固然会有王储,但真王有且仅有一个。然而,或许正是这样厚此薄彼的待遇,最终令不满于担任了四年僚机的内马尔在3个月后做出了最刺伤巴萨球迷的决定。

在绝境下单骑救主,内马尔会取代梅西成为巴萨的真头牌吗?这个赛季的次回合西班牙国家德比,给出了最完美的答案。

此战前一轮,内马尔对阵马拉加时连染两黄被逐,退场时愤怒的巴西人向裁判讽刺性鼓掌,结果又被追加3场停赛。"MSN"三缺一的同时,皇马却在贝尔伤愈后迎来了全须全尾的"BBC组合"。开场不久,巴萨便陷入分外艰苦的填坑大战。

不到半小时,禁区内连续围攻巴萨腹地的皇马,先是由拉莫斯击中立柱,卡塞米罗后点补射铲入空门,上半时对梅西寸步不离的巴西后腰,不但完成了世纪大战个人首球,还延续了赛季3射3中的神奇效率。但梅西5分钟后就还以颜色,拉基蒂奇右路横敲,梅西禁区中路盘带摆脱卡瓦哈尔,冷静低射破门,此前6场国家德比进球荒,就此画上句号。这是梅西各项赛事第22次攻破皇马球门,刷新历史纪

第六章 江湖夜雨十年灯

录，西甲进球也连续第 6 个赛季达到 30 个。

然而，志在提前终结冠军悬念的皇马，对梅西可谓无所不用其极：半场结束前，已有一张黄牌的卡塞米罗踩踏梅西脚面，后者痛苦倒地，但主裁未有任何表示。但不屈不挠的巴萨下半时还是逆转了比分，拉基蒂奇弧线诡异的远射让纳瓦斯无从反应，而国家德比时常上头的拉莫斯，终于为自己飞铲梅西付出代价，直接被罚下的他吃到了世纪大战中的第 5 张红牌。然而，难得上来缓口气的巴萨，却为防线的懈怠再度付出代价：常规时间仅剩 4 分钟，马塞洛左翼传中，替补登场的 J 罗前点扫射破门，留给巴萨再度反超的时间，吝啬到要用秒计算。而随后不久，马塞洛在盯防梅西时，一肘挥在了巴萨 10 号面门上，待到梅西艰难地从地上爬起时，嘴角已有殷红的鲜血渗出，但梅西顾不得处理，咬紧牙关带伤作战。

M 比赛来到补时最后一秒，截获球的巴萨发起反击，阿尔瓦左翼反击长途奔袭，突入禁区回敲，惊慌的皇马众将，只见禁区线前红蓝人影一闪，球到人到的刹那，球从纳瓦斯指间飞进右下死角，又是梅西！梅开二度的他，在绝杀后脱下球衣，向鸦雀无声的伯纳乌亮出 10 号战袍，狂野而恣肆地宣泄。

诚然，在皇马的家门口，梅西曾不止一次令"银河战舰"拥趸心碎欲绝，但这一次，梅西对伯纳乌的征服，犹胜 10 年前皇马球迷集体起立为罗纳尔迪尼奥鼓掌的倒戈时刻。

然而，两场足以载入史册的经典战役，只是巴萨那个黯淡赛季中仅有的亮色。欧冠 1/4 决赛，未能再度上演神奇的巴萨，0 比 3 惨败于尤文图斯出局；联赛最后的殊死追击中，巴萨仍以 3 分劣势位居皇马之后，未能达成西甲三连冠的伟业。仅有的一尊国王杯意味着巴萨到了非变不可的当口，但这一次的剧变，却是在猝不及防之下，更在那个夏天彻底撕裂了巴萨的传统，也让生于斯、长于斯、成于斯的梅西备感错愕与疏离。

双骄并世
谋一醉

2017 年夏，巴萨早早迎来了新帅巴尔韦德，这位面容慈祥的中年人，球员时代曾在克鲁伊夫的"梦之队"担任替补前锋，转战教练席后率领西班牙人、奥林匹亚科斯和毕尔巴鄂都颇有建树。然而，还没等他向球员阐明执教思维，一个晴天霹雳便扑面而来：人在美国的内马尔，单方面向巴萨摊牌，要求转会巴黎圣日耳曼。起初，球迷把这出逼宫看作了内马尔一家继续向巴萨讨要高薪、签字费和忠诚奖金的示威，并未放在心上。但当巴黎支付了内马尔 2.22 亿欧元，由球员带着违约金和高层谈判解约事宜时，回过神来的球迷才顿感大事不妙。

作为梅西本人都认可的接班人，彼时才 25 岁的内马尔，状态已至巅峰，但 11 号毕竟不是 10 号，不甘担任僚机的他，在巴萨最危难的当口，选择分道扬镳。唯恐巴萨不放人，训练中向新援塞梅多拳脚相向的"内少"，用再清楚不过的方式宣示，自己已经和巴萨恩断义绝。面对逼宫，巴萨一方面和内马尔的经纪人父亲商谈留队可能，一方面则上诉 FIFA，对巴黎挑唆球员转会并委托球员本人买断合同提出疑问，但最终"红蓝军团"自知强扭的瓜不甜，还是只能眼睁睁看着已是世界第三人的内马尔，在花都如愿以偿地拿到了超高薪和核心地位。

M 成军仅 3 年，风光无限的"MSN"组合贡献了 364 球、171 助攻、9 个冠军，是当之无愧的足球史上最强锋线组合。

然而，这段传奇其兴也勃，其亡也忽。内马尔在带走了巴萨美丽足球的同时，也让西甲回归了最为熟悉的节奏——梅罗对决。但没人想到，2017-2018赛季，是足坛金字塔尖的两人，最后一次以西甲对手的身份正面交锋。就在这个赛季结束后，C罗以1.25亿欧元的身价转投意甲冠军尤文图斯，球迷们无比熟稔的白色7号，就此改披黑白间条衫。

自2009年夏天C罗登陆伯纳乌以来，整整9年间，身为西超双雄头牌的梅西和C罗，上演了世界足坛最为正面也最为持久的双骄对峙。在两人对抗的初期，梅西占据着几乎一边倒的优势：2009-2012的三个赛季里，梅西带队两夺西甲冠军，并捧回一尊大耳朵杯，个人方面更是实现了金球奖史无前例的四连庄，还在2011年完成一次五冠王。而C罗则相形见绌：除去2011-2012赛季力压梅西首次摘取西甲冠军外，其余全部收成不过一尊国王杯。当然，彼时巴萨挟战术和人员的双重优势，整体战力堪称足球史天花板，而正处于重建期的皇马，固然连年补强，但战术延续性欠佳，C罗又未得到队友的完全支持，个人数据和球队表现显然不及"坐地户"梅西。

然而，2012-2013赛季，恰是两人成就和口碑逐渐拉平的一年：这一季，C罗力压里贝里、在离开曼联之后首次捧起金球奖，固然略显胜之不武，但从欧冠到世预赛，处处彰显领袖气场的"总裁",在30岁前的最后一年,真正开始摆脱徒有数据的刻板印象,实现了个人与球队的双赢。2013-2014赛季,被巴萨两届"梦之队"压制到无法呼吸的皇马,时隔12年再度君临欧洲,左手金靴、右手大耳朵杯的皇马7号,在登陆伯纳乌的第五年终于扬眉吐气。

当"MSN"与"BBC"的史诗级锋线对决,成为两人对垒最后三季的主旋律时,梅西和C罗分别在各自最擅长的领域让对手无从追及:长达9年的"双骄时代",梅西在西甲出场26055分钟,略高于C罗的25144分钟,在射门数明显少于对方(1544对1968)的情况下,328个进球和128次助攻,都比C罗更多(311个进球87次助攻)。此外,在过人、关键传球和造犯规三项前场球员的关键数据对比中,梅西也都是更胜一筹的存在。唯一不及C罗的,是争顶成功次数,当然,身高有17厘米之差的两人,这项数据的对比意义并不大。

但也就在梅西6个联赛冠军在手的同时,C罗在欧冠战场拿出了迄今前无古人后无来者的表现:2016-2018年三年间,皇马完成了欧冠改制后史无前例的三连冠,而C罗本人则在9年间的101次出场中,打入了骇人的105球,是欧冠史上唯一一位单场进球率破1的存在。而在淘汰赛阶段,C罗为皇马打入了整整50球,在皇马4次登顶欧冠的征程中,C罗的淘汰赛进球分别为8个、5个、10个和6个。作为对比,梅西整个职业生涯,欧冠淘汰赛进球"才有"48个,其中29个发生在1/8决赛阶段;而C罗9年间,在1/4决赛直至决赛的多场天王山战役中,打入了令人目眩的30球,是不折不扣的"巨人杀手"。

比起梅西的天纵奇才,天赋略显不及的C罗,以超乎常人的努力,在30岁后奋起直追,在2018年"梅罗时代"终结前的4年,连夺3尊金球奖的C罗,使得两人在这一最高荣誉领域战成5比5平。而巴萨和皇马无法化解的历史恩怨和竞争关系,也使得梅西和C罗哪怕在本该大团圆的颁奖礼上都选择"王不见王":2012年金球颁奖礼上,自知获奖无望的C罗,没有第四次为梅西站台,而是和皇马队友一起缺席;2014年,C罗赢得皇马生涯首尊金球时,梅西也选择了缺席。尽管两人

第六章 江湖夜雨十年灯

都已是成名多年的老将,但从金球奖颁奖到 FIFA 和欧足联年度盛典,但凡一人称王,另一人必定缺勤,几乎成了见怪不怪的定律。

诚然,梅西和 C 罗算不得朋友,但绝对也没有媒体渲染得那样势不两立。2018-2019 赛季欧足联颁奖礼上,当全场聚光灯都对准了首次获奖的荷兰人范戴克时,一身休闲装、完全不是主角打扮的 C 罗罕见地主动向梅西握手,而后者也在颁奖礼的访谈环节和 C 罗有说有笑。此后,C 罗在接受葡萄牙 TVI 电视台专访时,意外提及了他和梅西针尖对麦芒的 9 年:"虽然私下交流不多,但我们的职业关系很好,15 年来,我们在球场上感同身受。可我们从来没有一起吃过饭,但我想以后一定会有机会。"面对远在亚平宁的"总裁"的邀约,梅西不禁莞尔:"我没有问题。"

9 年间,联赛和欧冠各有胜负的两人,奉献了无数球迷津津乐道、荡气回肠的经典,孰高孰低更是各执一词,至今未有公论。然而,在国家队战场,此前和梅西一样背运的 C 罗,却在 2016 年异军突起,率队捧起欧洲杯,完成了国家队荣誉零的突破。然而,就在同一个夏天,梅西却做出了最令阿根廷球迷错愕的决定。

道是无情
却有情

2014年世界杯功败垂成后，身心俱疲的梅西，并未等到难得的暑假，而是要在联赛间歇期，连续带领阿根廷队出战美洲杯。作为南美洲的国家队最高级别赛事，创立以来就以赛制混乱、朝令夕改著称的美洲杯，在2016年适逢成立百年，于是在2015年打完一届后，又要前往和南美毫不相干的美国，完成"百年纪念款"的加赛。挟世界亚军名头，阿根廷无疑是两届大赛的头号热门。梅西的成年国家队首冠，有两次"试错"机会，冠军唾手可得？

_M_令人遗憾的是，看似轻松的征程，却因阿根廷足协的胡作非为，以及临场的阴差阳错，成了一场不折不扣的煎熬与噩梦。

　　2015年的智利美洲杯，刚从三冠征程中风尘仆仆驰援"蓝白军团"的梅西，着实疲态尽显：除去小组次战巴拉圭队打入一记点球，6场比赛下来一无所获。好在队友还算争气，小组赛以不败战绩锁定头名后，1/4决赛点球惊险淘汰韧劲十足的哥伦比亚队，半决赛更以6比1屠戮巴拉圭队。然而，决赛面对东道主智利队，执教"铜矿之国"的阿根廷教头桑保利，用无所不用其极的凶悍围抢，让顺风顺水的阿根廷队被切割得支离破碎。而困局之中，葬送全队最佳机会的，又是一年前的决赛罪人伊瓜因。这一次，蓝白9号的失误更加离谱，门前半米面对空门，他的射门居然击中了边网！

王者梅西

历经 120 分钟鏖战，已成强弩之末的阿根廷队，果不其然在点球大战中集体失常，尽管梅西首轮操刀命中，但随后伊瓜因和巴内加先后射丢，智利人仅用了 4 轮就宣告胜出，留下阿根廷队在原地风中凌乱。对于梅西而言，这已是他漫长的美洲杯征程第二次跌倒在 12 码，2011 年，特维斯成为 10 名操刀球员中唯一射失的一员的那一刻，两次征程中都首罚命中的梅西，着实感受到了深刻的恶意。

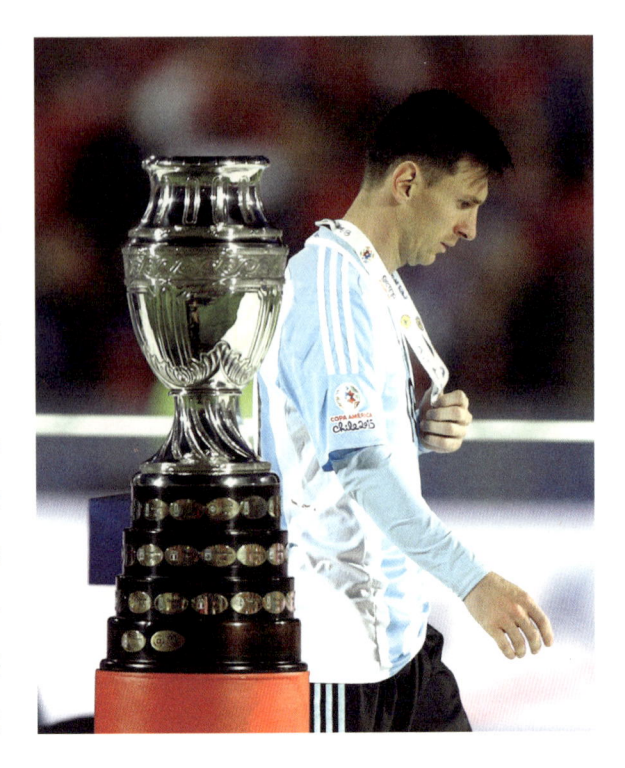

一年之后，梅西和队友们卷土重来，这次"潘帕斯雄鹰"无须面对出征智利时令人窒息的疯狂声浪，但北上美国之行，却成了一场缺吃少穿、几近断粮的"长征"。

两年间，就在梅西为巴萨攻城略地的同期，远在大西洋另一端的阿根廷足协，却发生了天翻地覆的剧变：2014 年 7 月，担任足协主席 35 年之久的"沙皇"格隆多纳猝然离世，但觊觎主席宝座的却是一群亟待上位牟利的掮客：代理主席塞古拉执政没几天，就被曝出侵吞政府拨给阿根廷联赛的电视转播权费，遭到司法调查。直到 2015 年底，阿根廷足协才启动换届投票，结果 75 支球队代表居然投出了 76 张选票。

如此儿戏的作风，也在阿根廷队出战百年美洲杯的征程中原形毕露：堂堂国家队，飞赴迈阿密不是乘坐专机，而是深夜起飞的"红眼航班"经济舱。待到疲惫的球员飞抵美国，前线负责接待的工作人员居然失联，而一道跑路的还有球队的厨师。这不奇怪，因为阿根廷足协已经拖欠了他们长达一年的薪水，但比起从上任后几乎没拿到 1

第六章 江湖夜雨十年灯

个比索工资的主帅马蒂诺,这着实是小巫见大巫。而当滞留机场许久、忍受一众乘客围观的"蓝白军团"终于抵达酒店,才发现他们入住的是"美国版如家"——如果早几天预订,还有不小折扣。

坐最便宜的飞机、住最廉价的酒店,更令人匪夷所思的是,如此糟糕的旅程和食宿,不以为耻反以为荣的足协,仍是一副无钱付账的无赖嘴脸,最后看不下去的梅西自掏腰包让全队住进了更好的酒店,吃上了抵达美国后的第一顿饱饭。目睹昏聩的足协胡作非为,梅西罕见地在社交媒体上晒出了球队糟糕的住宿条件,但塞古拉却理直气壮地回怼:"足协没有经费,工作人员到不了前线。梅西这样的巨星,难道只会用社交网络来吵架?""我弱我有理"得令人无从反驳。

前线吃紧,后方紧吃。然而,人们看到的,是一个化愤怒为动力的梅西:小组赛阿根廷队3战全胜、狂轰10球,适度轮换的梅西对垒巴拿马队上演帽子戏法;进入淘汰赛后,对阵委内瑞拉队和美国队,梅西又分别建功,其中面对东道主气贯长虹的任意球,使得梅西超越巴蒂斯图塔,成为阿根廷队史射手王。远在祖国的"战神",

发表了一通极其"凡尔赛"的羡慕嫉妒恨:"梅西超越了我的纪录?我当然很不爽,但没办法,他毕竟来自另外一个星球。"

比起一年前,阿根廷队跻身决赛的征程更加顺利,然而,对手又是命中注定的克星智利。决战之地、位于东卢瑟福的"遇见生活"球场,阿根廷队遇见的却是如出一辙的噩梦。又是 120 分钟沉闷的绞杀战,又是无从施展的梅西,但这一次,12 码决战中,此前弹无虚发的梅西却怎么也不会想到,第三次点球决战首个出场是一个彻头彻尾的错误。

梅西只有两步助跑,左脚发力抽射,球如出膛炮弹,却又高又偏地飞上看台,俱乐部队友布拉沃甚至不必做出扑救⋯⋯

第六章 江湖夜雨十年灯

就在梅西罚丢这个点球的 22 年前，比梅西年长了 20 岁、同样身披 10 号球衣的罗伯托·巴乔，在世界杯决赛中将意大利队的第五个点球踢上了看台。时隔 22 年，相似的剧本也在美利坚悲情上演。眼见点球不中，梅西右手搭在头上，眼神空洞无力，走回中圈的脚步格外沉重，眼中已有泪花涌动，随后双膝跪地，头掩埋在草坪上，举手投足尽是自责。而队友们没有力挽狂澜，伴随着卢卡斯·比利亚再度射失，阿根廷队又一次栽倒在 12 码的轮盘赌上。

M 赛后，阿根廷队队长孤单地坐在替补席上，无助地扶着替补席的顶棚，无论好友阿圭罗如何劝说，也无法释怀。

"凌晨两点时，我去了一趟球队的更衣室，发现梅西独自一人坐在角落里痛哭，他就像一个失去妈妈的孩子。"时隔多年，阿根廷队体能教练帕奥洛罗索依旧记得梅西无从化解的哀伤。

但掩埋哀伤的，是更加浓稠的失望和愤怒。

"对于我本人以及所有人，退出国家队都是一个最好的决定。实际上很多人都希望看到这样的结果，他们对于阿根廷仅仅打进决赛但无法夺得冠军的事实感到不满。当然，我们也对这样的成绩不满意。如果不是我，今天阿根廷极有可能夺得美洲杯冠军。很多时候，我都感到自己已经疲惫不堪，或许我本身就无法帮助阿根廷国家队赢得冠军奖杯。"连续三届洲际赛事决赛失利，无从解脱的梅西，在惨淡的战绩和昏庸的足协面前，注定无法独善其身，与其说退队宣言是失败后的宣泄，不如说是给彼此空间和时间、充分冷静的最佳方式。

和梅西一道宣布退出的，还有前任队长马斯切拉诺，正是无私的"小马哥"将袖标交给梅西，大度地以副将身份为其护航。同时宣布离开的还有主帅马蒂诺，尽管和梅西在俱乐部的合作并不顺利，但在国家队，有情有义的他无薪水可领，却仍对球队尽职尽责。

面对连续两届美洲杯亚军，蓝白将帅可以问心无愧地昂着头，但留给阿根廷队再战世界杯的时间，只有区区两年。届时梅西不再是 11 年前青春无敌的翩翩少年，而是年已 31 岁的老将。

"我执教了梅西三年,**很享受,亲眼见证了他无数的精彩表现,**以后不能再执教他也没有遗憾了。我希望看到梅西在巴萨结束职业生涯,但这事只能由他自己决定。"

——恩里克

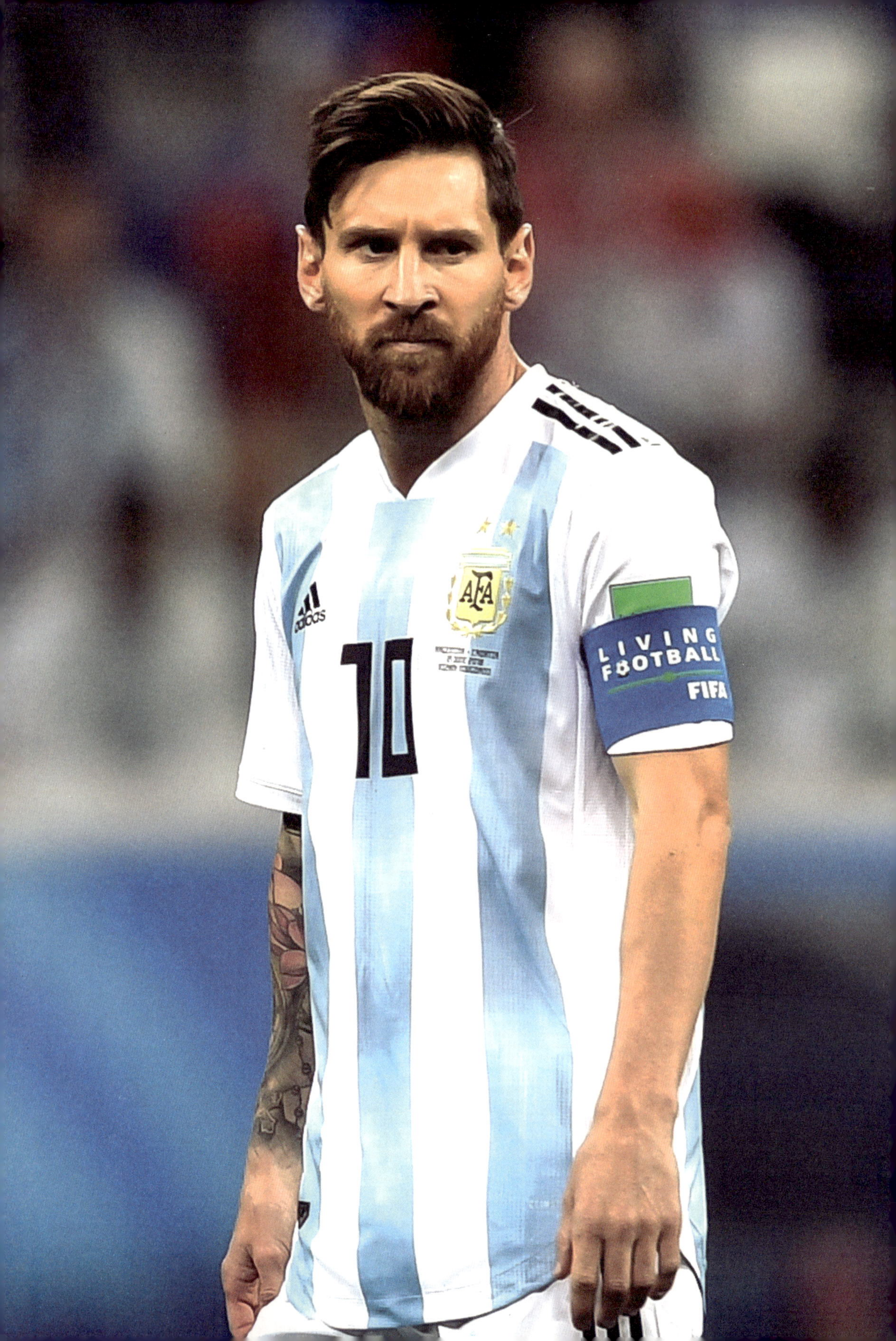
adidas
AFA
10
LIVING
FOOTBALL
FIFA

第七章

风流雨打风吹去

将军百战
声名裂

没有冠军，生活还要继续，没有内马尔，梅西和苏亚雷斯的"二人转"能否撑得起日渐老迈的"红蓝巨人"？在整个诺坎普都略显迷茫的 2017-2019 年间，红蓝 10 号和 9 号，艰难地维系着巴萨的内战统治力，但也止于此。

表面上看，内马尔离队后，手握 2 亿余欧元现金流的巴萨，恰可借此完成重建。然而，借 2015 年三冠声威转正的新主席巴托梅乌，此前仅有主管巴萨篮球队的经验，对足球始终是门外汉。在同样业余的董事会成员的乱参谋下，起先最反感经纪人越权逼宫的巴萨，却立马成了自己最讨厌的模样。

2017 年夏天，不情愿成就足球史上首位 2 亿欧元先生的巴萨，旋即开始了另一场亿元先生的追逐战。时年 20 岁的多特蒙德边锋奥斯曼·登贝莱，在巴萨的暗送秋波下，选择和内马尔如出一辙的罢训摊牌，但一向以铁腕著称的多特蒙德 CEO 瓦茨克放出狠话，宁可让登贝莱就此烂在俱乐部，也绝不轻易就范。偷鸡不成蚀把米的巴萨，最终不得不如数支付了 1.05 亿欧元的解约金，才最终完成提货。但这次被球员东家当面打脸的挖角行动，并没有让巴萨高层长记性，他们又在追逐利物浦核心库蒂尼奥。绰号"小魔术师"的巴西人，加盟巴萨的意愿固然迫切，却只能看着对方上不得台面的私下操作干着急，险些将巴萨告上 FIFA 的利物浦，挨到冬季转会期才放人，代价则是令人咋舌的 1.6 亿欧元。

然而，球市上愈发不择手段的巴萨，非但变成了自己最痛恨的挖角者，更随即遭到了乱花钱的反噬：离开德国时将房东家弄得一团糟的登贝莱，来到巴萨后先是拒绝了俱乐部为其配备的厨师，坚持要用煤气罐在自家后院烤肉，至于通宵打游戏错过训练，更是家常便饭。糟糕的饮食习惯和作息使得法国边锋非但频吃罚单，还多次因伤错过关键赛事。而库蒂尼奥也没有逃过和登贝莱相似的命运，加盟之初，巴西前腰还算兢兢业业，然而和伊涅斯塔尤其是和梅西的位置冲突，使得屈居左边锋的他始终无从发挥，其间租借拜仁，又连续遭遇伤病，几乎成为"玻璃人"。三个赛季以来，长期缺席的两人，出勤率甚至没有超过40%。

放在任何球队，合计近3亿欧元的浪费都是不可饶恕的罪过，花大钱没办事的巴萨，不但透支了转会运作的弹性，也进一步加剧了梅西等老将的比赛负荷。

2017—2018赛季，巴尔韦德的慢速反击4411，尚可支撑巴萨在联赛中平趟对手，然而来到欧冠赛场，节奏拖沓、态度消极的巴萨旋即遭到了保守战术的反噬：1/4决赛，首回合4比1主场拿下罗马的巴萨，本已晋级在望。然而，做客罗马奥林匹克的"红蓝军团"，只想死守90分钟"猥琐"晋级，但开场哲科先下一城后，惶惶不可终日

第七章 风流雨打风吹去

的巴萨就此乱了阵脚，伴随着德罗西的点球命中与马诺拉斯的头槌绝杀，痛失好局的巴萨 0 比 3 完败，两回合比分 4 比 4，巴萨因客场进球数少被淘汰。丢球时葡萄牙边卫塞梅多倒地捂脸的惭愧，与梅西的迷茫遥相呼应，着实令巴萨球迷备感错愕：这还是 "MSN" 时代那支对不在同一级别对手通杀无赦的巴萨吗？

相似的噩梦，在一季之后再度来袭：这一年，伴随着 C 罗的离去，内战优势进一步扩大的巴萨，重心仍在不断向欧冠倾斜，而在对阵塞维利亚手臂骨折的梅西，也在入秋后享受了难得的休养生息。然而，只要战场一切换到欧冠，巴萨完全不像是一支四强常客，惊慌失措和有气无力始终是球队的主旋律。1/8 决赛和 1/4 决赛对垒里昂与曼联，先客后主的巴萨首回合都踢得险象环生，回到家门口才凭借梅西的连续梅开二度完成晋级，但半决赛面对士气如虹的利物浦，先主后客的巴萨却丧失了赖以为生的赛程优势。

2019 年 5 月 1 日，国际劳动节当天比赛的巴萨，仍在家门口略显懒散和迟钝，若非特尔施特根高接低挡，客队才是更接近破门的那一方。然而，苏亚雷斯的闪袭得手，却让巴萨带着领先进入下半时，而后 45 分钟的绝对主角，则是梅西：他不但机敏地补射扩大比分，还以一记 35 米外的 "穿云箭" 令利物浦门神阿利松全力跃起，也无从触及。

M 3球领先后,身为巴萨队长的梅西,罕见地高高跃起挥拳庆祝,这一夜,神兵天降的梅西本尊,以一己之力击败了利物浦全队90分钟的高位压迫和疯狂奔跑。

唯一美中不足的是,补时阶段梅西连续两次送出精准传球,但直面门将的登贝莱,却不出意料地将两次机会全部挥霍。眼见完全没有半点惭愧可言的法国人,累得只能坐倒在边线缓口气的红蓝10号,只能长叹一口气。尽管在当时,"补刀"未果似乎对次回合进程毫无影响,毕竟利物浦次战萨拉赫、菲尔米诺均因伤缺席,令欧陆诸强闻风丧胆的三叉戟已去其二。然而,在安菲尔德,仍旧没有从一年前吸取任何教训的巴萨,又走了上一模一样的溃败旅程,甚至连"死亡笔记"的书写方式都惊人神似。

去年面对罗马,开场6分钟,巴萨就被哲科捅射破门;而本场奥里吉将亨德森射门补入球网时,时针也刚指向6分30秒。一年前下半时德罗西点球破门,发生在第52分钟;而维纳尔杜姆抢点扳平总比分是在第54分钟!阿尔瓦连续两次被断导致丢球、一向稳健的拉基蒂奇滑倒,而当奥里吉抢点打进第4球时,整条巴萨后卫线对阿诺德快速开出的角球毫无防备,特尔施特根甚至还在向队友鼓掌!在安菲尔德响彻云霄的《你永远不会独行》的歌声中,4球溃败的巴萨,成为欧冠淘汰赛史上首支首回合3比0领先却最终出局的球队。

连续两年崩溃出局,首发11人中年过三旬的巴萨,面对残损了近半个主力阵容的利物浦,自封皇马之后欧冠最大热门的期许,却每每以惨败告终,表现之拙劣,连自家官媒都暴跳如雷:《每日体育报》直言惨败是"史上最大的荒唐",《世界体育报》头版只有一个词:"耻辱"!

而首回合无比神勇的梅西,本场却犯了登贝莱式的错误,上半时,巴萨队长3

第七章 风流雨打风吹去

次与必进球失之交臂,倘若其中 1 个入网,利物浦将万劫不复。但下半场就此淹没在利物浦的长人阵的梅西,在最后的决胜时刻未能力挽狂澜。赛后将自己反锁在更衣室两小时、拒绝任何采访的梅西,此后耳闻队友的表态更加心碎——出局夜连番送礼的阿尔瓦面对镜头振振有词:"我们表现得已经足够好,球迷的夺冠期望不切实际。"

一个力不从心的领袖,无法叫醒一群装睡的队友。在欧冠出局后第 18 天,巴萨又在国王杯决赛中 1 比 2 不敌巴伦西亚,踌躇满志的三冠之梦变成了孤零零的西甲联赛一冠。

但梅西没有时间舔舐伤口,又是连续两个夏天,他仍要以队长身份驰援国家队,连番出战世界杯和美洲杯。

遗憾的是,这是又一轮劫难的开始和轮回。

四朝开济
老臣心

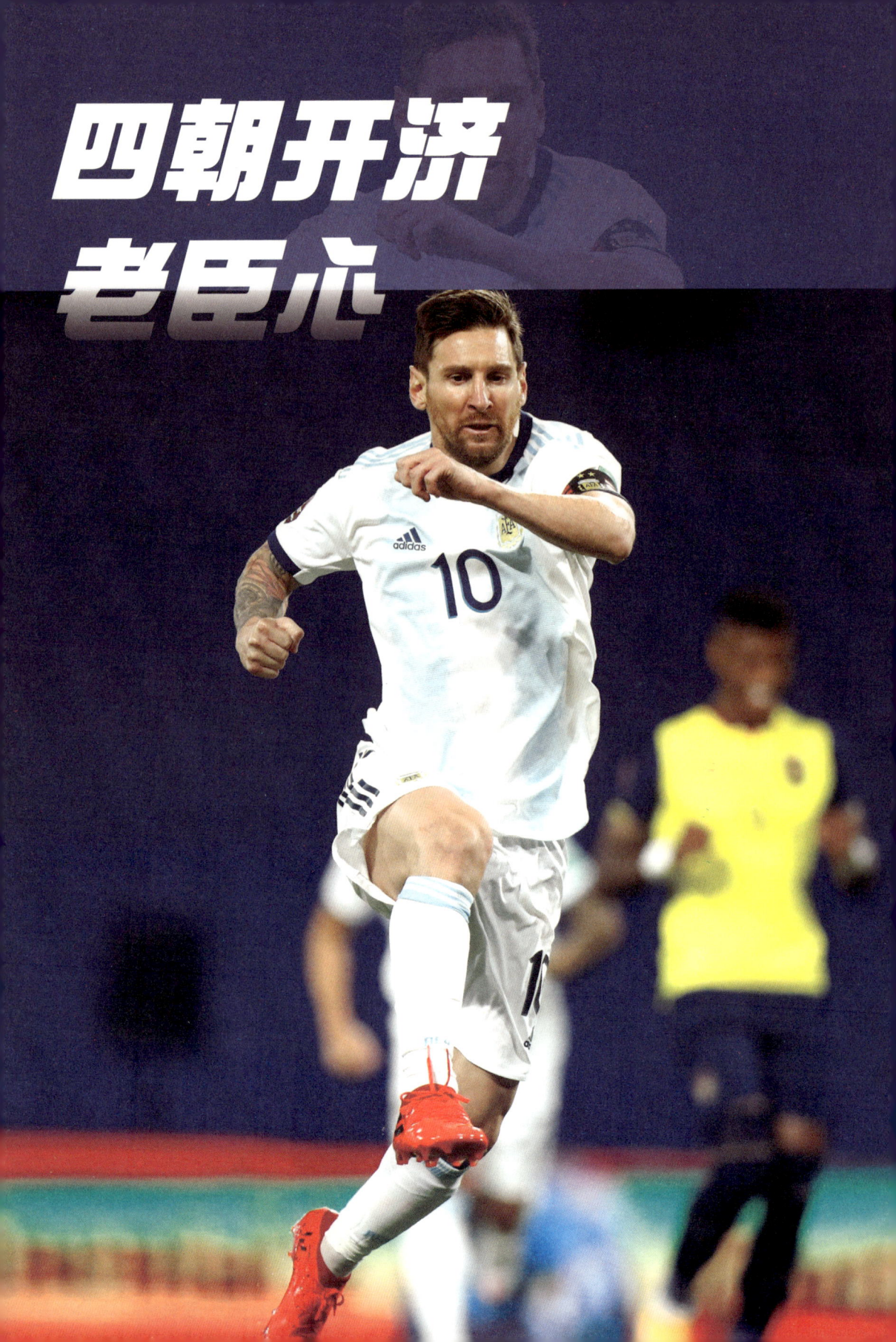

2016年夏美利坚的惊世一退，并不意味着梅西和阿根廷队就此恩断义绝。相反地，时隔仅不到3个月，精神抖擞的梅西就重披蓝白战袍登场，并打入全场唯一进球力克乌拉圭队。然而，时隔8年，"出线困难户"似乎又找上了"潘帕斯雄鹰"，随后开打的世预赛南美区，"蓝白军团"总是让本国球迷一手拿着计算器，一手拿着心脏起搏器。前3个比赛日，一场未胜的阿根廷队排名倒数，梅西更是一球未进。举国哗然之下，身为败军之将的主帅巴乌萨只能黯然下课，取而代之的是以执教风格狂野著称的桑保利，后者不惜和塞维利亚提前解约，也要驰援国家队，端的是为情怀赌上了所有。

然而，浑浑噩噩的"蓝白军团"在世预赛仍是行尸走肉，桑保利先后尝试了伊瓜因、阿圭罗、迪巴拉、伊卡尔迪、劳塔罗·马丁内斯、贝内德托6名前锋和梅西搭档，但难产的锋线始终输出有限。当巴拉圭队、玻利维亚队等早早丧失出线可能的球队都能不费吹灰之力击败阿根廷队时，折戟预选赛，成了笼罩在整个国度上空的集体焦虑。2017年10月5日，这种担忧达到了最高峰：全场狂轰秘鲁队22次却依旧破门乏术，17轮预选赛仅入16球、火力名列南美倒数第二的阿根廷队，连仅有的第五名的虚幻安全感都已破灭。考虑到此前"蓝白军团"坐镇纪念碑球场表现糟糕，最后一个主场"蓝白军团"特意选在博卡青年主场糖果盒，但声嘶力竭的球迷制造的高分贝，却让自家子弟兵不知所措，尤其是梅西此前因和边裁口角被禁赛4场（后经上诉取消）之后，状态全无的阿根廷队队长已经4轮颗粒无收。

带着不成功便成仁的忐忑心情，预选赛收官战，阿根廷队踏上高原，面对为荣誉而战的厄瓜多尔队。而这一战，此前整个 2017 年只为国家队打入 1 球的梅西，终于爆发了：包抄抢点、自抢自射、精妙吊射，梅西包办了阿根廷队全部 3 个进球，

不但在进攻端只手擎天，不惜被对手粗暴犯规也要博得接近禁区的机会，甚至延续了此前多轮预选赛的"后腰"身份，多次参与到组织乃至防守之中。与此同时，此前同样有机会直通俄罗斯的秘鲁队和哥伦比亚队战平，阿根廷队后来居上升至预选赛第三，避开了残酷的附加赛。

　　费尽九牛二虎之力才拿到的俄罗斯机票，并未让阿根廷队萌生珍惜之情，相反地，他们一如既往地在世界杯开战前不断"作死"：在桑保利公布了最初的 35 人大名单后，球队集训基地外赫然立起了一块只有 23 人的牌子，其中与梅西关系微妙的伊卡尔迪

第七章 风流雨打风吹去

等人果然不在其列。而待到桑保利公布 23 人名单，伊卡尔迪等人果然落选，一时间，国家队只有"梅西的朋友"才能入选成了街谈巷议的焦点。5 月中旬，阿根廷足协官方版的媒体世界杯指南正式印发，但在这份官方手册中，居然有名为"如何获得与俄罗斯姑娘交往的机会"的单独内容，立刻有好事媒体将手册拍照上传至社交媒体，待到足协官员发现此事已经炒得沸沸扬扬时，才忙不迭地将手册收回，但亡羊补牢的办法不是重新印刷，而是将这部分章节撕掉后再发给相关人员……

而在事关球队出征状态的热身日程上，利令智昏的阿根廷足协再度里外不是人：他们居然选择在耶路撒冷与以色列队比赛，此举令巴勒斯坦出离愤怒，该国足协主席吉布里尔·拉乔布当即致信阿根廷足协："如果梅西参赛，那我们会对他个人发起攻击，要求球迷焚烧他的画像，烧掉印有他的号码和名字的球衣，同时唾弃他。"然而，这场比赛的球票早在 5 月底就公开发售，2 万张门票不到 20 分钟便被抢购一空。无奈之下，阿根廷足协只得在世界杯开战前，草草选择了弱旅海地队进行热身，效果自然可想而知。

> 相形于整个国家都在充当后援团的 C 罗，梅西却要与天斗、与地斗、与人斗，这样的苦，C 罗不懂，梅西本人，恐怕更加不懂。

由于预选赛成绩欠佳，第四次出征世界杯的梅西和队友们，不得不在小组赛就提前遭遇多个强敌：首战新军冰岛队，本是大好取分机会，但在对手极具针对性的层层布防下，再度与队友被割裂开来的梅西无从施展，下半时不得不选择极其悲壮的人肉突击，但在主裁相对宽松的尺度面前，屡次被放翻在地的梅西，并未博得更多同情。而更加糟心的是，梅西为数不多的精妙传球，让队友梅萨在禁区内被对手放倒，然而站上 12 码的梅西，射向球门左侧的半高球角度太正，被冰岛门将哈尔多松神勇扑出。

看台上的马拉多纳眼见此情此景，顾不得嘴里的雪茄捶胸顿足，而算上这次射失，梅西在俱乐部和国家队主罚的最近 7 个点球中，只命中了 3 个。

　　首战只收获一场平局，次轮对阵本组种子队克罗地亚队，在劫难逃的阿根廷队"伪强队"本色暴露无遗：在门将卡瓦列罗低级失误送给雷比奇天赐大礼后，军心浮动的阿根廷队比赛末段完全崩盘，莫德里奇和拉基蒂奇联手送给"蓝白军团"一场 3 球惨败，而在桑保利不知所云的 343 阵形中，上半时仅有 20 次触球的梅西形同隐身。目睹本队惨败，看台上的马拉多纳起初只是右手揉了一下眼眶，便扭过头去，最终还是忍不住双手捂脸，无比神伤。这场惨败，意味着末战阿根廷队唯有击败尼日利亚队，才能以小组次席出线。

　　华山一条路的绝境下，阿根廷队非但没有睡狮猛醒，而是开启了新一轮的内耗：惨败后仅仅几小时，《马卡》就有板有眼地报道桑保利在更衣室早已被球员们架空，

第七章 风流雨打风吹去

与傀儡无异,比赛首发名单是由梅西敲定;阿根廷媒体《TyC Sports》随后附和,国家队中球员们与教练组的关系已经破裂,球员集体对主帅投了"不信任票",桑保利已不再对球队有决定权。

动荡在 6 月 25 日达到高潮:在布尤尼齐基地,阿根廷队上下一半人的手机都收到了一段被泄露的视频信息,两段视频的主角绘声绘色地描述了阿根廷队员们的彼此攻击。而以 1986 年世界杯功臣、阿根廷队体育主管布鲁查加为首的"造反派",则准备在更衣室发起"兵变",取桑保利而代之,指挥出线生死战。

四面楚歌之下,生死战前两天正值 31 岁生日的梅西,不得不把人生的大日子改成了略显尴尬的公关秀:阿根廷足协一方面让安东内拉带着儿子们前往训练基地,安抚心神俱疲的梅西;一方面则把生日宴会改成了面向媒体开放的 Party,并请来了乐队为梅西助兴,此前一直没有笑容的梅西,终于露出了难得一见的轻松表情。

然而,这份迟来的轻松,会让阿根廷队小组收官战逃出生天吗?

无可奈何
花落去

圣彼得堡克雷斯托夫斯基体育场，在俄罗斯世界杯诸多主赛场中，是条件略显寒酸的一个，傍晚开战时，纷飞的昆虫甚至比对手更加挠头。看台上，一直为阿根廷队祈祷的马拉多纳，仍在双手合十，而球员通道内，站在全队第一个的梅西神情凝重，作为世界杯上先后5次交锋的对手，熟悉得不能再熟悉的阿根廷和尼日利亚，注定只有一个能逃出生天。

相比于此前两战的慢热，要么出线要么回家的阿根廷队，开场便展开围攻，而梅西终于身先士卒：巴内加中场送出过顶斜长传，梅西大腿停球后左脚一趟，小角度右脚抽射得手，阿根廷队率先取得领先。打入本届杯赛首球也是唯一一球的梅西，从

王者梅西

比赛伊始，前后飞奔、不遗余力的梅西，终于在历经3场的努力后迎来回报。

M 31岁、多次获得冠军的他，已不想重复2010年与全队一言难尽的疏离和陌生，命运，始终要掌握在自己手里！

然而，历尽万难的阿根廷队注定还要承受黎明前最后的黑暗。下半场开场未几，角球防守中马斯切拉诺拉倒巴洛贡，主裁通过VAR确认点球判罚，摩西骗过阿尔玛尼命中球门右下角。双方回到同一起跑线，照此，一场不胜的阿根廷队，将铁定出局。比赛一分一秒流逝，"蓝白军团"又陷入持续的慌张和迷乱，反倒是卸下包袱的尼日利亚队几次反击极具威胁，险些就此杀死比赛，而老将马斯切拉诺则在拼抢中脸部被划开一道血口，但4年前就带伤不下火线的"小马哥"，仍不顾伤势继续搏命。而此前两战临场指挥槽点多多的桑保利，孤注一掷用梅西密友阿圭罗换下左后卫塔利亚菲科，变阵334的"蓝白军团"，已经做好了不成功便成仁的最坏打算。

比赛尾声，上届世界杯便曾扮演奇兵的中卫罗霍，再度成为阿根廷队救星，梅尔卡多右路传中，罗霍禁区内右脚凌空抽射破门，此前罗霍刚在禁区内疑似手球被VAR裁定无意逃过一劫，转瞬则在进攻端神兵天降。而为保持这个来之不易的进球，伤停补时阶段的梅西不惜"屈尊纡贵"，拖延时间吃到黄牌，为保住胜果，几乎低到了泥土里。伴随着三声长哨，上演胜利大逃亡的阿根廷队如愿出线，梅西则和马斯切拉诺紧紧相拥——为了国家尊严，两

第七章 风流雨打风吹去

位合计 65 岁的老将，几乎拼到弹尽粮绝。

然而，仅以小组第二杀出死亡之组的阿根廷队，刚出龙潭又入虎穴，拦在他们身前的，是兵强马壮、几乎可以排出两套顶级阵容的法国队。而这场事关生死的决战中，一向热血上头的桑保利，做出了最出人意表的变阵决定：梅西居中担任 9 号半、迪马利亚和帕文分居两侧，球队以无锋阵迎战，而在中后场，却并未针对法国队速度奇快、射术精湛的两翼进行针对性布防，尤其是小组赛尚未火力全开的姆巴佩，完全没有设置专人盯防。

于是，"雄鹰"与"雄鸡"的决战，从一开始就在不对等的氛围下进行：开场后不久，连番马踏连营的姆巴佩就制造了点球并由格列兹曼主罚命中，就此陷入苦战的阿根廷队虽然占据控球优势，却迟迟得势不得分，若非迪马利亚的远射世界波和梅尔卡多运气十足的折射，小组赛 44 射仅 3 中的"蓝白军团"断然不会一度反超比分。然而，羸弱的后防和想赢怕输的心态，最终压垮了侥幸心理十足的阿根廷队。针对场上吃牌人数过多进行的被动换人，以及迟迟无法解放被坎特和马图伊迪严加照顾的梅西，让阿根廷队付出了 11 分钟内被对手连下三城的惨痛代价：帕瓦尔禁区外直奔死角的凌

王者梅西

空爆射世界波与姆巴佩长驱直入连续得手，阿根廷队已然回天乏术。

然而，阿根廷队最后一个放弃比赛的，仍是梅西，伤停补时阶段，全场都被严加看管的梅西，送出了当届世界杯唯一一次助攻，而将他妙传送入网底的，仍是心有灵犀的死党阿圭罗。但这样的觉醒来得太晚。比赛最后时刻，仍处于落后的阿根廷队居然"不蒸馒头争口气"，奥塔门迪喋喋不休地和对方纠缠，而心急如焚的梅西只能对冲动的前者怒目相向，在以秒计的"死缓"之后，一场充斥着混乱、无奈和悲愤的3比4，让第四次出征世界杯的梅西仍过早地充当了闹心的配角。

再度兵败，让为国家队服役13年之久的梅西看透了队友和足协的底色，这一年剩余时光，梅西再未为国家队出战，虽未官方宣布再度退出国家队，却已是身心俱疲。而2019年夏的巴西美洲杯上，梅西留给世人的印象，不是进球，而是粗口和红牌。

5场比赛仅打入1个点球，蓝白10号的低迷更甚于2015年的智利之行。然而，比起彼时的垂头丧气，半决赛憾负东道主无缘决赛的梅西，言辞前所未有地激烈："今天的各种判罚都向着巴西队，我们各种吃牌。各种明显的犯规，却不看VAR，给我的感觉就是裁判不公正。"几乎所有有关判罚的用词，都带着西班牙语三字经。

三四名之争，面对宿敌智利队，阿根廷队固然2比1击败对手摘下铜牌，但赢球却和梅西无关，梅西仅踢了37分钟，就卷入了一场对峙：彼时没能追上球的他，

第七章 风流雨打风吹去

转身推搡一路跟防的智利球员梅德尔,以恶汉著称的后者不甘示弱,先后四次胸撞梅西,纠缠在一起的两人最终被双双罚下。

虽然梅西的失态无碍阿根廷队取胜,但赛后,梅西的激烈言辞和红牌,还是招致了5万美元罚款和3个月禁赛。直到2020年9月,已经近10个月没为阿根廷队出场的梅西,才再度身披蓝白间条衫登场。

从世界杯止步16强,到国家队生涯第二张红牌,而立以来的梅西,"至暗时刻"远未见底。而一向对其呵护有加的巴萨,也从避风港变成了风暴眼。

大难临头
各自飞

进入 2020 年，已经连续两季后程发力的巴萨，刚过半程就毫无征兆地开始了崩盘之旅，联赛、超级杯、欧冠和国王杯无一幸免之余，球员、教练直至高层的全面洗牌屡屡突破了梅西的心理底线。效力一队 15 年之际，巴萨送给队史第一人的礼物，居然是分崩离析。

1 月西甲首战，巴萨便在加泰德比中被当季降级的西班牙人逼成 2 比 2；超级杯首战，苦苦追分仍不敌马竞的巴萨，赛后引爆了一颗埋藏许久的暗雷：执教球队两年半的主帅巴尔韦德被就地免职。作为连续两年欧冠淘汰赛"航母开翻"的舵手，熬白了头发却没能换来球迷半点认可的巴帅，获悉下课消息时居然面带微笑。毕竟，这充满折磨的两年半以如此迅速的方式画上句号，之于巴尔韦德不是灾难，而是解脱。

然而，接下来巴萨高层开始了令人哭笑不得的操作：球队选帅名单多达 6 人，但波切蒂诺、阿莱格里和亨利均表态无意此时接手，而在卡塔尔逐渐悟到执教三昧的哈维，也显然不愿与虎谋皮，在开出了一系列巴萨眼下根本无法满足的条件之后，以"尊重巴尔韦德"为名，拒绝了母队的召唤；而球队早年的另一忠臣科曼，直到夏天才能违约金生效。无奈之下，巴萨相中了在中小球队辗转多年的塞蒂恩，这位经历平庸的老帅的开场白，着实令人喷饭："昨天我还在我的小镇上散步，旁边有很多牛，今天我就出现在了巴萨体育城，奢侈地每周都看梅西的比赛……"

而与此同时，巴萨体育主管阿比达尔赶在冬季转会期关闭前，清洗了5名颇具潜力的年轻人，陡然只剩16人的一队，还没来得及补强，就听到了苏亚雷斯膝盖重伤的噩耗。而备受球迷指责的阿比达尔，索性公开甩锅："许多球员不满，工作不努力，且存在内部沟通问题。"话音刚落，梅西在社交媒体上立马回击："我不喜欢做这种事情，但我认为每个人都必须对自己所担负的任务负责，负责体育管理的人更应对自己的决定负责。当你提到某个球员时，你应该说出名字，你若不这样做，你玷污的是我们所有人！"

高层和球迷的失和，直接导致国家德比次回合的巴萨毫无生气地0比2不敌皇马，但此时输球已经无关紧要——席卷全欧的新冠肺炎疫情下，各人联赛被迫停摆，西甲也无法独善其身。3月12日，暂停全部赛事的西甲，挨到6月11日才重燃战火。而在3个月的时间里，宛如推倒了多米诺骨牌的巴萨，滚雪球般的坏消息铺天盖地。

尽管和耐克签下了体育史上第一份单年赞助额破亿的合同，更有乐天等赞助商众星捧月，但连年在球市上挥霍无度、血本无归的巴萨，在耗尽现金流、空前拉高工资总额后，终因疫情导致的联赛暂停和持续空场付出了惨重代价。当皇马只降薪

第七章 风流雨打风吹去

20%维持球队正常运转时,梅西和皮克、布斯克茨等球队骨干被巴托梅乌会见时,却被告知至少要降薪50%,此举对于多位拿着高薪长约的巴萨球员而言,不啻晴天霹雳。而与此同时,高层的内斗也趋于公开化:巴托梅乌公开要求两名高层辞职,但随后六名董事会成员同时宣布下野,并声称掌握高层贪腐证据,其中两人还是巴托梅乌一手提携的亲信。

但更加令高层和球员形同陌路、人神共愤的"鬼操作",是俱乐部付给了公关公司 I3 Ventures 每年100万欧元的费用,诋毁主席候选人和部分球员。包括梅西、皮克在内的巴萨众球员,瓜迪奥拉、普约尔等球队功勋,拉波尔塔和丰特等主席候选人,都受到了这些匿名账号的有组织攻击。

倒行逆施之下,复工后的巴萨军心涣散、士气全无:原本在西甲领先皇马2分的优势,在连战不胜后反倒成了落后7分,目送十连胜的"银河战舰"提前一轮完成登顶;而在欧冠1/4决赛,面对拜仁水银泻地般的攻势,2比8惨败的巴萨创下了

球队外战的最惨痛一败。

四大皆空、耻辱透顶，用任何言辞批评毁灭边缘的"红蓝军团"都不为过。而到了 2020-2021 赛季开战前，球队的所有消极面无一例外升级了。

2019-2020 赛季，因疫情来袭，巴萨收入锐减为 8.55 亿欧元，降幅达 14%，总负债近 12 亿欧元，其中短期债务就高达 7.3 亿欧元。此前球队的两大超级引援库蒂尼奥和格列兹曼，至今都拖欠着利物浦和马竞尾款未支付，而本该喜气满满的跨年，之于巴萨有如"过关"：在 2.66 亿欧元的短期信用债务面前，一旦无法偿债，巴萨将面临着破产风险。

为压缩开支，巴萨终于对 2015 年捧起欧冠的老臣们挥起了屠刀：拉基蒂奇被以 150 万欧元的超低价送去了塞维利亚。而更令人错愕的是苏亚雷斯，宣布乌拉圭人离队消息时，这位巴萨的 7 年功勋，只接到了一通长度刚过 1 分钟，口气生硬、冷漠甚至不耐烦的电话。红蓝 9 号最后一次驱车离开巴萨体育城时，眼睛通红，泪水不禁奔涌而出。

作为梅西盛年至今最忠实的俱乐部战友，苏亚雷斯和巴萨队长的友情早已超越了寻常朋友：平日里，苏亚雷斯是梅西的司机，甚至还要接送蒂亚戈、马特奥上学；两人不止一次地分享同一杯马黛茶，甚至连各自太太安东内拉和索菲亚都成了无话不谈的姐妹淘。但如今，这位在"双骄共治"时代唯一能夺得欧洲金靴、改变踢法多干粗活累活、多次推迟膝盖手术只为再夺欧冠的忠臣，在离队之日，遭受的是前所未有的羞辱。

此情此景，情何以堪？目睹密友饮恨远走，形单影只的梅西做出了来到加泰罗尼亚 20 年来最惊人的决定。

"在我的成长历程中,梅西给了我很多帮助,我们的关系从一开始就非常好。大家都知道梅西是世界最佳球员,梅西已经证明了这一点,他现在也依然是最佳。"

——苏亚雷斯

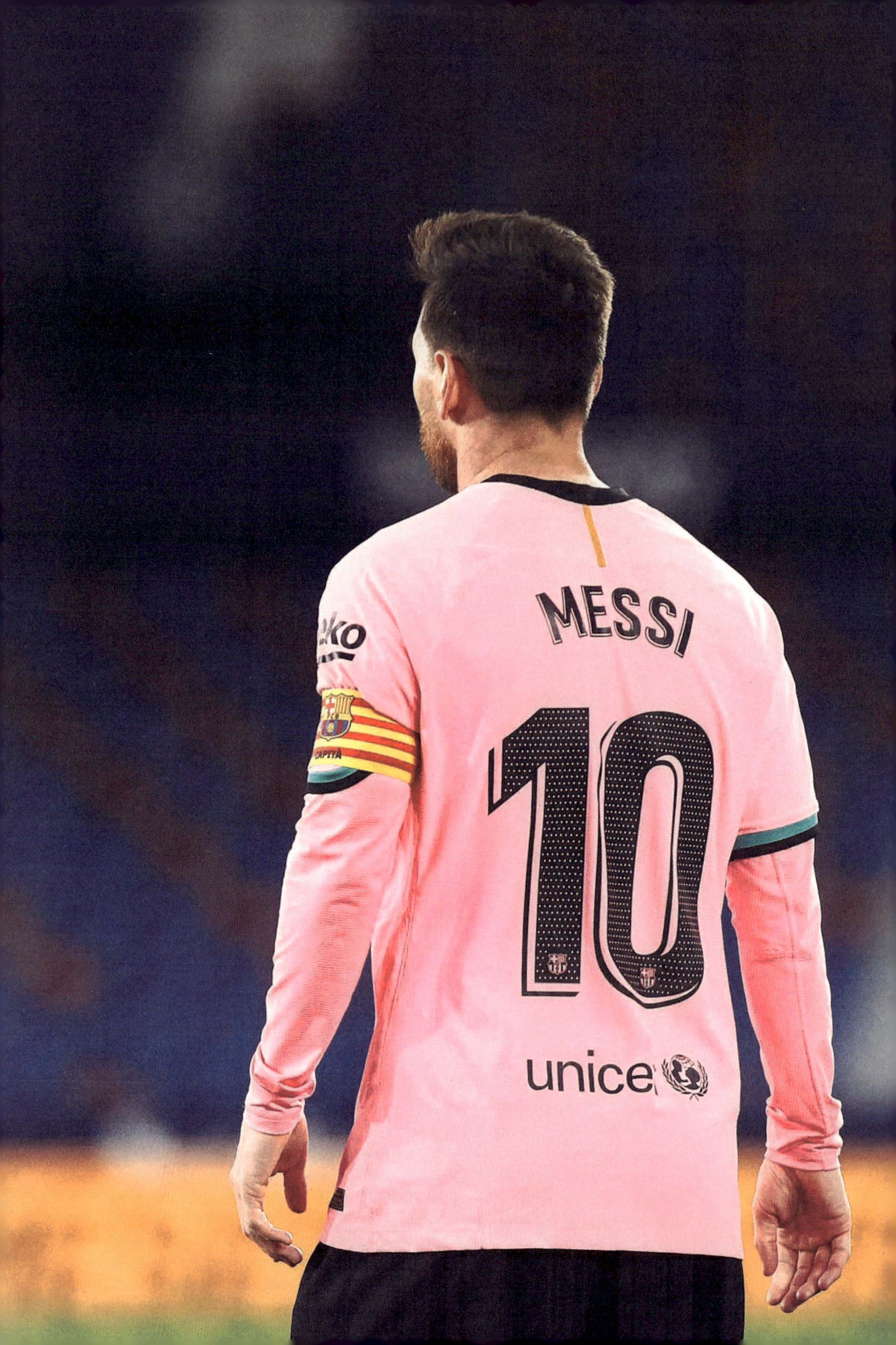
MESSI
10
unice

第八章

零丁洋里叹零丁

平地一声
惊雷动

2020 年 8 月 25 日，之于备战期的巴萨，只是再普通不过的训练日，但来到球场上的队员们却没有看到他们队长的身影。在为一队效力 15 年之后，梅西首次提出了转会申请。在巴萨 WhatsApp 的群聊中，身为队长的梅西，自此进入长期的沉默。

诚然，当年备受"逃税门"困扰的梅西，也曾动过离念，但最终占据上风的，仍是对俱乐部始终未改的忠诚，而如今，所有曾和梅西推心置腹的故人，都已不在巴萨：拉波尔塔和瓜迪奥拉离开了，克鲁伊夫去世了，普约尔、哈维退役了，苏亚雷斯和拉基蒂奇带着无尽的不舍被迫离去了。举目四顾，全是依赖梅西的人，却没有梅西可以依赖的人。

然而，天真的梅西，与其说是想要离开日渐陌生的诺坎普，倒不如说是以转会为要挟，逼迫以巴托梅乌为首的高层识趣走人。从最初，梅西就没有正面宣布离队决定，始终是遥控和自己相熟的阿根廷媒体隔空喊话，同时，向俱乐部发出了公函。在这封信函中，梅西强调按照原有合同，他最早可以在 2020 年 6 月 30 日就选择自由转会，此前因疫情延宕，为巴萨效力至 8 月，法理上讲已是仁至义尽。然而，巴萨方面却并不认同这一点，他们仍认定双方合同正式到期时间为 2021 年 6 月 30 日，而在此之前，无论任何球队想要挖走梅西，都必须支付 7 亿欧元的违约金。

尽管年已 33 岁，但毋庸置疑，梅西仍是欧洲足坛屈指可数自带体系、一人可撑起一队的存在。巴黎圣日耳曼和曼城两家中东金主背景的豪门闻风而动，前者期待梅西与内马尔、姆巴佩组成全欧最锐利的三叉戟，而后者则主打瓜迪奥拉的亲情牌——毕竟，没人比前巴萨主帅更懂得如何用好梅西。而眼见近年来巴萨高层的倒行逆施，

不少前巴萨名宿都站在梅西一边，当年曾以创足坛转会费纪录加盟皇马的菲戈，直言梅西离开将是足坛的"历史性时刻"，而前队长普约尔的态度更能代表多数同行心声："敬重且钦佩，莱奥。全力支持你，我的朋友。"

尽管离队意愿前所未有地强烈，但梅西却显然低估了巴萨高层打太极、磨洋工的本事：主席巴托梅乌同样选择避而不见，迟迟不与梅西团队正面谈判转会事宜，对外则做出高姿态，只要梅西愿意留下，自己随时可以辞职。同时，巴萨不断强调梅西合同的有效性，特别是违约金条款，而另一方面，亲近高层的喉舌媒体，开始了别有用心的民调，约三成的球迷认为正值重建、财政困难的巴萨也可以放走梅西。在缺席了赛季开始前例行的新冠病毒检测后，西甲官方对此进行了通告，但巴萨却没有对梅西进行处罚，在"红蓝军团"眼中，无论梅西主张自由身离队是否有效，此时此刻，他都仍是巴萨的队长。

尽管外界盛传曼城已和梅西草签合同，但就在梅西提交转会申请后的第5天，西甲联盟官方裁定，梅西与巴萨的合同仍有1年才会到期，且公告口吻相当不客气：

第八章 零丁洋里叹零丁

"梅西团队所理解的与事实合同相距甚远",虽然梅西团队据理力争,但他们的再度声明又被西甲驳回。在两年前失去C罗后,对影响力大降的西甲而言,失去梅西无疑是他们无法承受的打击,挽留梅西的意愿比巴萨来得更加强烈,实在是情理之中。

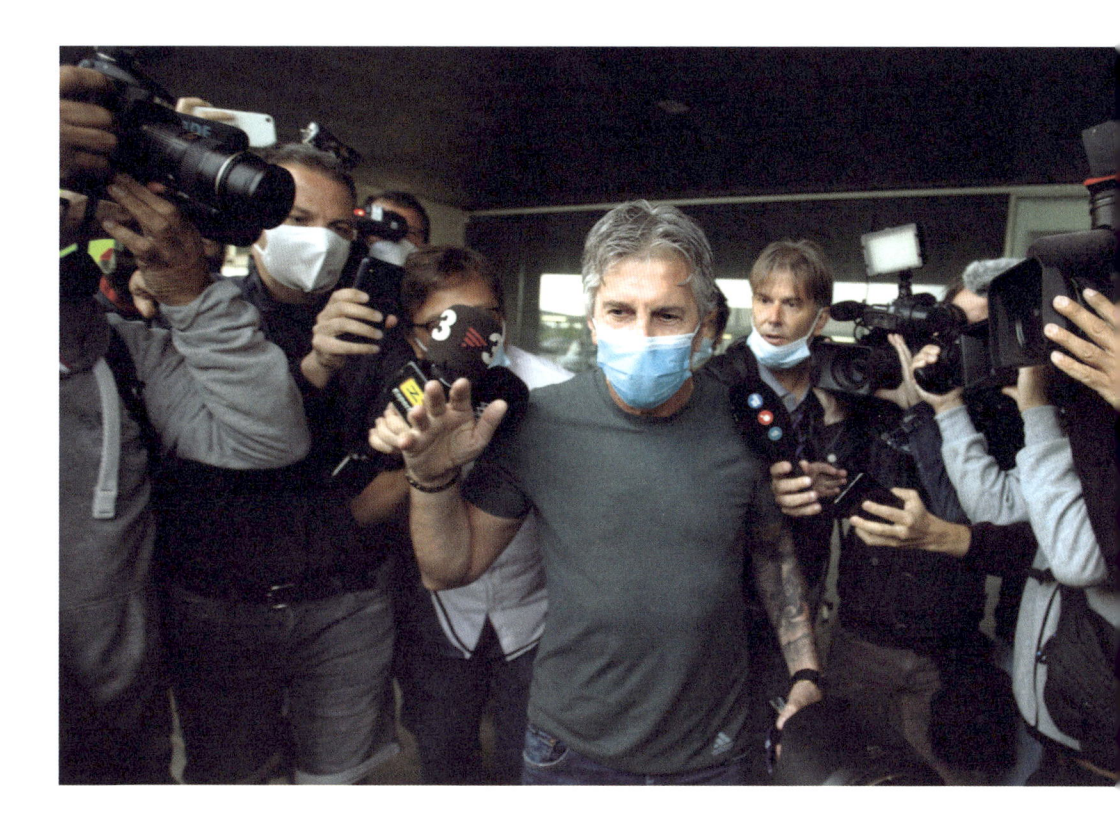

维持了近一周的僵局,终于因梅西的经纪人、父亲豪尔赫的出现而迎来转机。此前,并不知道儿子离队申请的豪尔赫和多数球迷一样,也是在报纸和网络上得悉了这个爆炸性新闻,心急如焚的他从罗萨里奥飞回加泰罗尼亚后,紧急和巴托梅乌约见。此举之于陷入巨大担忧的巴萨球迷而言,无疑是及时雨:从出道至今,无论身份如何,梅西始终将个人经纪事务全权委托给父兄,从某种意义上说,他们才是真正决定梅西前途的人。

历经240个小时的暗战和斗法,9月5日,震惊欧洲足坛的梅西离队事件,最终以梅西接受访谈时亲自承认将留在巴萨而告终:"我不开心,希望离开,但尝试了各种方式都不行。我永远不会对巴萨打官司,因为这是我所爱的俱乐部,这是我一生的俱乐部,我在这里生活了,巴萨给了我一切。现在我会留在这里,但巴托梅乌领导的高层是一场灾难。"而伴随着赛季的深入,梅西放弃了1月1日就可以商谈自由转会的机会,坚持要到赛季结束后再决定去留。

纵观巴萨队史,几乎每一位超级巨星的离开都伴随着巨大的争议乃至非议:从20世纪80年代的马拉多纳和舒斯特尔,到"梦之队"时代的大劳德鲁普、罗马里奥和斯托伊奇科夫,再到世纪之交的菲戈和里瓦尔多,连梅西最崇敬的兄长罗纳尔迪尼奥也概莫能外。

而今,厌倦了连年挫败、痛恨于尸位素餐高层的梅西冲冠一怒,与其说是不愿继续蹉跎人生,毋宁是以最决绝的方式向不作为的俱乐部摊牌。

转会风波,无疑是梅西和巴萨20年亲情的巨大割裂,但就在这场风波之后两个半月,梅西又直面着另一场诀别。

长使英雄泪满襟

"阿根廷，别为我哭泣……"

2020年11月15日深夜，朱丽叶·科温顿悲惋凄怆的歌声再度奏鸣，整个潘帕斯陷入空前的悲恸，身为阿根廷永远的神祇，迭戈·马拉多纳因心脏骤停不幸离世，享年仅60岁。

"对于所有阿根廷人和足球运动员来说，这是非常难过的一天。他离开了我们，但也没有离开，因为迭戈是永恒的。"第一时间获悉老马去世的消息后，梅西在社交媒体上动情地写道。近40年来，"下一个迭戈"的寻觅和造神之旅，曾在奥特加、艾马尔、达历桑德罗等人身上无数次重复，但时至今日，梅西或许是最接近终结这个悬念却又让这个悬念继续蔓延的那一个。

在年龄上，梅西是马拉多纳的子侄辈；在事业上，梅西和马拉多纳的共同点更多到不胜枚举：同样不满17岁就进入俱乐部一队，同样率队捧起世青赛冠军，同样完成过"上帝之手"和"连过五人"，同样在青葱岁月因侵犯对手吃到过国家队生涯第一张红牌……然而，更长的维度里，马拉多纳是梅西一生的参照物，以及悬在头上无从回避的话题，对此，不善言辞的梅西早就希望终结比较："我再踢一百万年，也达不到迭戈的水准。"

分别是阿根廷两个年代旗手的马拉多纳和梅西，有过多次合作，但两人之间，

第八章 零丁洋里叹零丁

更多的是无休止的比较。对于后辈们，一向苛刻的马拉多纳几乎从未承认梅西超越自己，哪怕俱乐部层面的梅西早已近乎完美。但更多时候，马拉多纳给予梅西的是足够的信任和支持，这一点，甚至连老马的至亲都看在眼里，了然于心。

曾是迭戈女婿的阿圭罗，就曾幽怨地吐槽："好像迎娶詹妮娜的不是我，而是莱奥。"而马拉多纳的私生子小迭戈，在父亲生前只有一次"认亲"，"莱奥或许才是迭戈的儿子，而我不是"。

但更匪夷所思的，是2008-2010年间两人居然以主帅和队员的身份完成了一届世界杯征程。遗憾的是，教练生涯多半在玩票的老马，唯一认真的一回，和梅西并未擦出火花。2018年的俄罗斯，马拉多纳在看台上为梅西贡献了最多的表情包：从目睹梅西射失点球时沮丧溢于言表，到阿根廷生死战绝杀尼日利亚时的指天祈祷、狂野呼啸，此时的马拉多纳，不是球王，而是个虔诚得近乎卑微的观众。球王的默默祝祷，固然未能让阿根廷队逆天改命，却让"潘帕斯雄鹰"的悲情征程又添一笔浓墨。

> 两人短暂的合作，虽然未曾擦出火花，但一生孤傲的球王，却在生命最后的岁月，以最纯粹、最诚挚的方式，向最像自己的后辈完成了致敬。

得闻一代天骄西去，梅西如何不悲！

迭戈西去，全球垂泪，在马拉多纳去世的那个星期，各大联赛不约而同地戴起黑纱、垂首肃立，向一代天骄作别，而在马拉多纳曾经战斗过的巴塞罗那想尽了一切方式向马拉多纳致敬：诺坎普看台上摆放了一件马拉多纳效力巴萨时的球衣，上面还有球王的签名，这件球衣此前一直存放在巴萨博物馆之中。此役两队球员臂缠黑纱，并在赛前默哀。而在科曼的首发阵容里，梅西、库蒂尼奥、佩德里和格列兹曼同时出场，四名球员都能踢标准的 10 号位。

尽管此前遭逢了略显尴尬的三轮不胜，积分已经掉到中下游，但面对弱旅奥萨苏纳，迭戈的离去似乎给了梅西格外的动力，与此前数场远离球门、开火寥寥不同，本场梅西以进球致敬马拉多纳的意愿前所未有的强烈。

然而，队友和客队门将似乎有意刁难巴萨 10 号，布雷斯韦特、格列兹曼和库蒂尼奥的进球都格外轻松写意，且不乏运气加持，而梅西的任意球要么高出，要么被埃雷拉神勇扑出，一个多小时过去，梅西仍旧寸功未立。

第 73 分钟，一路横带到大禁区前沿的梅西，左脚怒射攻入本赛季第 4 粒西甲进球，如释重负的他，在主动招呼队友围拢庆祝后，开始了球迷期盼许久的致敬环节。他脱下了巴萨的 10 号球衣，露出了里面的纽维尔老男孩队复古球衣，这件复古球衣，是阿根廷收藏家塞尔吉奥·费尔南德斯送给梅西幼子西罗的出生礼物，两年前才正式成为梅西收藏品中的新成员。

人人都知道，出生于罗萨里奥的梅西，打小就是老男孩队球迷，而梅西的最爱恰恰曾是马拉多纳生涯暮年的落脚点。

1993 年 10 月 7 日，结束 11 年欧洲旅程、回归阿甲的马拉多纳，首次代表老男孩队登场，尽管只是友谊赛，对手不过是来自厄瓜多尔的埃梅莱克，但球王郑重其事，他怀抱着两个女儿达尔玛和詹妮娜登场。而看台上一众疯狂的小迷弟中，就有年仅六岁半的梅西。

成名后的梅西，接受《世界体育报》和阿根廷 TYC 电视台采访时，曾谈及儿时观战马拉多纳的特殊经

第八章 零丁洋里叹零丁

历,然而,岁月毕竟过于久远,彼时的梅西又少不更事,更多比赛细节已经无法一一复述。他只记得父亲如何带自己去球场,以及现场疯狂的球迷始终在高呼老马的名字。

当事人或许健忘,但老天却冥冥中自有安排,那场比赛,即将33岁的马拉多纳,也在相似的位置完成突破后一脚破门,但用的是右脚;本场比赛,33岁的梅西用锁定胜局的复制进球,无心插柳地完成了对偶像的致敬。历史的巧合,有时就来得如此简单而轻盈。

面对已稍有褪色的旧款战袍,梅西庄重地捋平了所有褶皱,双手指向天空,给了一个飞吻,这是此前梅西重复过很多次的庆祝方式。但是,这个庆祝此前都是给自己的外婆,而这一次,是给马拉多纳。除了不解风情的当值主裁因"程序正义"补发黄牌,从进球到庆祝再到缅怀,一切都那么顺其自然,毫无半点演绎雕饰。

梅西的这一举动,也得到了队友、主帅乃至全世界媒体的交口称赞。巴萨主帅科曼表示:"我不知道(他会这么做),我在比赛前并没有看到。你肯定会期待一些东西,这是一次很好的致敬。"库蒂尼奥则表示:"我们失去了一位世界偶像。所有崇拜他的人都会非常想念他,这是一次美丽的致敬。"TYC电视台用"最佳致敬"来形容梅西的这一举动,"在世界各地,数百场比赛都在向马拉多纳致敬,但梅西或许是其中最激动的人,他做出了一个意想

不到的决定,也让全世界感到惊讶。"

　　一个常被人忽略的往事是,11 年前的 11 月 29 日,恰恰是梅西首次捧起金球奖的日子,马拉多纳时代,金球奖只限欧洲球员参评的惯例让迭戈终生无缘这一奖项。而在 21 世纪,出生在阿根廷、人生却更多在加泰罗尼亚度过的梅西,以旷古绝今的 6 尊金球,弥补了偶像的遗憾。

M 而今,仍旧为巴萨竭忠尽智的梅西,与在博卡度过生涯最后时光的老马,冥冥中仍要走一条相似的归途,支撑两人一路跋涉的,仍是对足球的挚爱,乃至信仰。

　　"永别了,迭戈"——赛后,梅西在社交媒体上,晒出了自己和马拉多纳一样双手指天的照片,22 分钟内,这条推文已经被点赞 237.2 万次。

　　斯人已逝,缅怀长存,两代阿根廷最伟大 10 号的隔空致敬,在这一瞬间,永恒定格。

黑云压城城欲摧

马拉多纳的在天之灵，会庇佑梅西和他曾效力的巴萨走出低谷吗？答案显然是否定的。西甲前6轮仅取得2场胜利的"红蓝军团"，一度屈居积分榜下半区；而在欧冠小组赛，收官战3球脆败尤文的他们，13年来首次以小组第二出线，梅西和C罗时隔两年后首次以对手身份对决，终以后者的胜出告终。

但冥冥中，以巴托梅乌为首的巴萨高层的倒行逆施，终于得到了制裁：10月27日，面对一浪高过一浪的弹劾呼声，巴托梅乌终以"避免集会可能造成的防疫危险"为由，和董事会宣布集体辞职。然而，这个冠冕堂皇的理由，并未令这届史上最差主席团逃过追责：2021年3月第1天，巴托梅乌因涉嫌雇佣"水军"抹黑自家球员、

第八章 零丁洋里叹零丁

教练而被警方带走调查，多位前高层也被带走问话。警方透露，此次搜查和拘捕是针对经济犯罪。而和梅西关系亲密、曾为其撰写个人传记的名记巴拉格则透露，"大熊"被捕，实则因涉嫌洗钱、腐败以及管理不当。

然而，就在巴托梅乌下野后不到3个月，看守内阁的临时主席图斯克茨却向外公布了巴萨愈发糟糕的财报。与此同时，梅西与巴萨即将到期的合同却被《世界报》一字不差地披露在公众之前。毋庸置疑，这是最终落败的前任高层对和他们决裂的梅西的最恶毒的反攻。

这份签订于2017年11月25日的合约，为期4年，至2021年6月30日到期，包括工资、肖像权、奖金、补贴和其他可变化收入，梅西总共从巴萨拿到5.55亿欧元，税后可净得2.58亿欧元，平均每年6450万欧元。此前，墨西哥拳王阿尔瓦雷斯在2018年拿到总价3.65亿美元的合同，在当时被认为是体坛合同的最高价。2019年，北美职棒大联盟选手迈克·特鲁特拿到4.3亿美元的合同，再度打破了世界纪录。到了2020年，北美橄榄球大联盟的马霍姆斯在和堪萨斯酋长续约后，拿到了10年5.03亿美元的合同，但在梅西面前，上述合同都变得苍白无力。

在拿到这份体育史上独一无二的天价合同之前，梅西先后和巴萨签署过7份合同。撇开最初那份餐巾纸上的签约协议，梅西即将年满18岁时，与巴萨签订了第一份职业合同，时任主席正是拉波尔塔。2005年6月，巴萨与梅西续约，合约延长至2010年。而后，面对以国际米兰为首的欧洲豪门的挖角行动，同年9月，巴萨决定提高梅西的薪资。2007年1月，梅西与巴萨完成第三次续约，合同期至2014年，违约金达1.5亿欧元。2008年，瓜迪奥拉入主巴萨，并和梅西一道取得六冠王，巴萨为奖励球队核心的表现，决定为其

涨薪至850万欧元。2009年，梅西与巴萨的合约再次延长，直至2016年，违约金2.5亿欧元，年薪首次突破1000万欧元。2012年12月，梅西完成与巴萨第六次续约，年薪上涨至1200万欧元，违约金维持不变。2014年巴西世界杯之后，巴萨再次给梅西涨薪，梅西又成为足球史上首位年薪突破2000万欧元的球员。

即便撇开富可敌国的薪水，梅西的赞助收入虽然不及C罗，却亦是足球圈第一档的存在。自成名以来，梅西一直是阿迪达斯最重要的品牌代言人之一。而偏爱体育明星的吉列剃须刀、百事可乐和土耳其航空，亦对梅西偏爱有加，尤其是梅西和已故篮坛巨星科比拍摄的土耳其航空广告，几乎是体育圈跨界合作的经典之作。此外，三星、卡塔尔电信、瑞士爱彼手表、海飞丝和Space Scooter踏板车，也都和梅西有过合作。而从2010年起，梅西还曾多次代言中国品牌，上至早年间的腾讯微博，下至如今的微信海外版Wechat、蒙牛与华为手机，都与梅西的英姿高度绑定。此外，2019年，梅西正式发布了个人服装品牌"M10"，产品序列包括T恤、衬衫、夹克、裤子、鞋子与西装，梅西更亲自担任模特。

回顾双骄共治足坛的10年，始终在薪金收入上压过C罗一头但商业收入常年不及"总裁"的阿根廷人，实则是从俱乐部方面得到了更多"找补"，但这并不意味着梅西只会分肥，不会创造。仅以巴萨近年来最大的两笔赞助为例：梅西在日本的高人气让慕名而来的乐天掏出了巨款，还收留了约满离队的伊涅斯塔前往J联赛拿到了养老合同，疫情仍不明朗的情况下，日本方面又以3000万欧元提前续约到2022年；NIKE年均1亿欧元的赞助，也并未因梅西是阿迪达斯的头牌而有丝毫犹豫。

正如西班牙分析机构"数字自由"（Libertad Digital）报告所称，梅西是巴萨"巨大的收入产生器"，虽然无法直接给出阿根廷人每年带给巴萨的收入，但多数业内人士认为，梅西每年带给巴萨的收入在2.5亿~3亿欧元之间。而在梅西可能离队的情况下，身为巴萨赞助商之一的LaPipa，已经终止了续约谈判，阿根廷人存在的意义不言而喻。

然而，一支战绩、财政、外部环境、内部氛围均跌至历史谷底的巴萨，值得梅西留下吗？

只需一笑
不须愁

整个 2020 年，梅西和巴萨一样迷茫。44 场各项赛事 26 球 23 助攻的输出看似不差，但此前 10 年，梅西年均进球高达 52 个，本年产量只及平均数一半，呈"断崖式下滑"。尽管仍是西甲进球和助攻的第一人，但在整个联赛数据大幅缩水的背景下，这样的"挽尊"着实不值一提。尤其对比这一年打进 43 球的莱万多夫斯基和 42 球的 C 罗，产量只能排名欧洲第 8 的梅西，已然离 2019 年最后一次捧起金球奖时相去甚远。"梅西时代"，果然已经结束了？

恰恰相反，2020 年的梅西有多黯淡，2021 年的梅西就有多灿烂。

进入 2021 年，一度在塞蒂恩和科曼手下都持续迷失的巴萨队长，终于睡狮猛醒：整个 2021 上半年，打进 23 球助攻 8 次的梅西，直接进球和参与进球，都是欧洲足坛当之无愧的第一；而比数据回勇更令人欣喜的是，2020 年几近一无是处的巴萨开始了球迷久违的疯狂追击。

2020 下半年的"红蓝军团"，莫说追近西甲榜首的马竞，偶尔进入欧冠区

第八章 零丁洋里叹零丁

都是奢望。但进入新年，取得并列队史第三长的客场 9 连胜的"红蓝军团"，已经悄然跻身三甲，和马德里双雄的差距只在一场之内；虽然在新年伊始，杀进超级杯决赛的巴萨憾负毕尔巴鄂竞技屈居亚军，但在随后的国王杯，知耻后勇的巴萨在半决赛客场 0 比 2 落后塞维利亚的绝境下，回到家门口经历加时 3 比 0 反杀对手，决赛更以 4 比 0 屠戮毕尔巴鄂，狠狠地报了此前的一箭之仇。打进 2 球的梅西赛后和拉马西亚队友们围着奖杯同框，激动之情溢于言表。时隔 721 天之后，结束巴萨两季冠军荒的国王杯，之于梅西此前手握的 35 个锦标或许不值一提，但对于渴望以胜利和冠军逐步走出泥潭的巴萨而言，劫后重生的黎明，似乎就在眼前。

然而，梅西的独当一面掩盖不了重建期巴萨整体的平庸与脆弱。纵观整个赛季，巴萨除去欧冠小组赛揭幕战客场击落尤文，其余时间面对皇马、马德里竞技、巴黎圣

日耳曼等同级别对手无一胜绩，欧冠止步 1/8 决赛，首回合不到半小时就被巴黎连入 3 球击溃，主客场全靠梅西破门挽尊，再清楚不过地证明了眼下这支"红蓝军团"固然有着年轻人的锐气和斗志，整体实力却早与巅峰期相去甚远。科曼虽然将德容、法

蒂、佩德里、德斯特、阿劳霍、特林康等年轻人用到了极致，但很显然，没有梅西，这群年轻人莫说扛起球队脊梁，连胜任合格首发都做不到。

赛季战至收官，一度享受了以小时计的"榜首体验卡"的巴萨，最终未能逆天改命。在输掉次回合国家德比后，只能寄望马德里双雄犯错送分的巴萨，却开始了毫无征兆的自我毁灭：1比2主场被格拉纳达逆转后，士气暴跌至谷底的巴萨又先后战平了莱万特和马竞，夺冠主动权进一步丧失。最后6轮，"红蓝军团"只拿到了18分中可怜的8分，还未挨到收官决战，便被按牢在了联赛季军的位置上。这是2008年以来"红蓝军团"的最差联赛排名，85个进球亦是13年来的最低产量。而最后一轮得到休息的梅西，虽然毫无悬念地以30球拿到西甲金靴，但却没能达成进球助攻上双的传统，欧洲金靴之争，也最终落在来改写盖德·穆勒德甲进球纪录的莱万多夫斯基之后。

尽管距离6月30日的合同到期日已经近在咫尺，但进入2021年，球队的复苏、动荡的终结，让梅西留在巴萨的可能性愈发提升。

2021年3月，一再延宕的巴萨主席大选尘埃落定。身为巴萨两届"梦之队"的开创者，时隔10年后，以绝对优势胜选的拉波尔塔和即将34岁的梅西久别重逢。在就职演说上，端坐贵宾席的梅西虽然戴着口罩，看不到真切表情，但舒展的眉头和轻松的眼神早已和苦涩的2020年截然不同。

而伴随着赛季收官，梅西的续约谈判也被提上日程，多次和梅西父亲豪尔赫洽谈的拉波尔塔，提出了一份10年期的终身合同，梅西将在巴萨继续效力两个赛季后，前往美国大联盟的迈阿密FC再踢两年，然后退役并在巴萨管理层任职。新合同的总金额高达2.4亿欧元，兼顾了梅西的当下与未来，连梅西中年之后的转型人生都一并纳入。

然而，当一切都向更好的方向发展时，命运与梅西开了一个大大的玩笑。

"梅西就是这个时代的马拉多纳。"

——马拉多纳

后记：圆梦，以及离别时

路漫漫其修远兮，吾将上下而求索。

梅西与巴萨的2020-2021赛季，并不完美。但是2021年这个夏天对于梅西来说，他有新的任务，又一次踏上美洲杯的赛场，去追求国家队的冠军荣誉，去打破国家队无冠的魔咒。同样，2021年的夏天，也增添了一个意外的离别。

2021年7月11日，2021年美洲杯决赛正式打响，阿根廷队对阵巴西队。这对南美宿敌的较量，也是梅西对圆梦国家队冠军奖杯荣誉的又一次出击。

熟悉的对手，熟悉的决赛，梅西与阿根廷队这一次做到了。

上半场迪马利亚的单刀破门，最终帮助阿根廷队1：0击败巴西队，"潘帕斯雄鹰"时隔28年再度问鼎美洲杯冠军。这也是阿根廷队28年以来的第一个洲际大赛冠军！

这是34岁的梅西，身披蓝白战袍第五次征战决赛，前四次，他都饮恨而终，尤其是在2015年、2016年，阿根廷队连续两届美洲杯决赛都在点球大战中输给智利队。这一次，阿根廷队终于拿下了冠军，被国家队大赛无冠宿命缠身的梅西，终于拿到国家队层面的首个冠军荣誉，填补生涯一大空白。

举起奖杯的那一刻，梅西心中感慨万千，他在社交媒体上表达自己的内心感受：我想把这次成功夺冠献给我的家人，他们总是给我继续前进的动力；献给我挚爱的朋友；献给所有为我们提供过帮助的人；献给那些在疫情期间遭受苦难的阿根廷人民，冠军是你们所有人的！

这个夏天，对于梅西似乎应该是甜蜜的。然而在一个月后，梅西的职业生涯轨

后记：圆梦，以及离别时

迹迎来巨变。

2021年8月，在全世界的球迷眼中，梅西续约巴萨将是水到渠成的事，这位巴萨队史最佳球员将会在诺坎普终老，梅西或许也是这样认为的。

在美洲杯结束后，梅西同意降薪一半续约巴萨。然后，他满心欢喜地带着家人去度假了。没想到，当梅西回到巴塞罗那和拉波尔特落实合同细节时，一切都变了。拉波尔塔告诉梅西：即使降薪，巴萨也达不到西甲的标准，球队无法为梅西注册。

换句话说，巴萨不要梅西了！是的，巴萨不能续约梅西了。消息一出，举世哗然，巴萨抛弃了这位为球队立下赫赫战功的球员，抛弃了这位队史最佳的球员。世界足坛，迎来巨变，梅西与巴萨即将告别，成为全世界足坛的焦点。欧洲众多豪门，开始摩拳擦掌，准备引进梅西。

此时的梅西，依然做着最后的努力，希望能够与巴萨继续去完成续约；此时的巴萨球迷，也在期望一切可以峰回路转。

然而反转没有发生，北京时间8月8日18时，梅西在西班牙诺坎普球场举行告别巴萨发布会。梅西一踏入发布会现场，就已泪流不止。那一刻所有的球迷为之动容，整个发布会上，他数次落泪，全程感谢。

梅西表示：原以为会留在巴塞罗那，今天，却不得不和这一切说再见！从我来到这里那一刻起，直到在这里的最后一刻，我始终为这家俱乐部、为这件球衣付出一切，我可以满意地离开。感谢球迷对我的喜爱，我更愿意以另一种方式来告别，我没想过告别的方式，因为我没想过这个问题。我本想和球迷一起，在球场上告别，这样能够听到最后一次欢呼、大家最后一次表达对我的爱……我会在未来回到巴萨。

最终，这场持续40分钟的发布会在长久的掌声中结束。

就这样梅西正式离开巴萨，留下的是无数经典，以及球迷们无数的回忆。778次出场，672个进球，305次助攻，35次冠军（10次西甲冠军、4次欧冠冠军、7次国王杯冠军、8次西班牙超级杯冠军、3次世俱杯冠军和3次欧洲超级杯冠军），6次获得金球奖……

人们总奢望故事的结局是完美的，一人一城，一生一队。盛大的告别仪式，十万人的呐喊，漫天的烟火，可惜，巴萨队史最佳的梅西却如此离开。

8月10日，法甲豪门巴黎圣日耳曼宣布梅西正式加盟；8月11日，梅西亮相新球队的发布会正式召开。

新的征程，正式开启，此时的梅西，依旧会在新的球队无所不能吗？让我们一起期待。

梅西，追梦不休。

已经微笑着越过无数沟坎的梅西，这一回，将继续前行。

梅西巴萨十大经典比赛

1

2012年12月9日　西甲第15轮
皇家贝蒂斯1∶2巴塞罗那

　　梅开二度之于梅西，是贯穿生涯的常规操作，但在2012年初冬面对"绿白军团"的连下两城，却永载史册。此战之前，梅西距离盖德·穆勒自然年85球纪录只差1球，但开场后仅15分8秒，梅西就在禁区前横向带球后左脚怒射先拔头筹。10分钟后，梅西卷土重来，这次接应伊涅斯塔回传后，梅西左脚发力更加充分、角度更加刁钻，贝蒂斯门将阿德里安唯有徒呼奈何。在瓜迪奥拉卸任后的首个赛季，梅西以恐怖的输出效率只手扛着"红蓝军团"一路前行。

2

2010年4月6日　欧洲冠军联赛1/4决赛次回合
巴塞罗那4∶1阿森纳

　　首回合在酋长球场2球领先，却被阿森纳顽强逼平，回到诺坎普的梅西拒绝夜长梦多。但本特纳开场仅18分钟就率先破网，让巴萨再度陷入追分困境，关键时刻，站出来解决战斗的仍是梅西：3分钟后，禁区前沿爆射破门的梅西，将比分扳平；随后阿森纳解围不远，梅西截球推射反超比分。上半时行将结束，梅西接应凯塔传球完成反越位，面对门将写意地挑射划出弧线，仅用20分钟就完成帽子戏法，但这还不是梅球王本场的全部奉献。下半时，面对禁区内三名后卫的围追堵截，首次射门被扑的梅西，再度瞄准阿穆尼亚小门成功洞穿，这是梅西首次在欧战舞台上演大四喜。

大经典比赛

3

2007年4月18日　西班牙国王杯半决赛首回合
巴塞罗那 5：2 赫塔菲

　　面对那个赛季打进欧联杯的西甲黑马赫塔菲，以全主力阵容出战的巴萨，在国王杯好好给对手上了一课。梅开二度的梅西是本场巴萨取得大胜的头号功臣，但球迷更加铭记的是他从中线启动，连续晃过5名防守球员后将球送入网底。此球与1986年世界杯马拉多纳的"连过五人"，从行进路线、过人方式到进球位置都如出一辙。但更令人惊讶的是，时隔7年之后，2013-2014赛季国王杯上再遇赫塔菲，梅西又来了一次气贯长虹的连过五人奔袭。

4

2012年3月7日　欧洲冠军联赛1/8决赛次回合
巴塞罗那 7：1 勒沃库森

　　首回合做客拜耳竞技场的3比1取胜，并没有让基本出线的巴萨在次回合有所松懈，而引领进球表演的，仍是梅西。在用时25分钟就完成帽子戏法后，再接再厉的梅西在1个小时之内，完成了欧冠改制以来淘汰赛首个"巴掌戏法"。从写意挑射到横带后斜射，从门前补射到弧线球兜射，梅西武器库里的全部储备，都在"药厂"弱不禁风的防线面前得以充分展示。而作为"惨案"的当事人，时隔多年后，被梅西五次洞穿大门的莱诺，收到了5瓶连号的百威啤酒。

2011年5月28日　欧洲冠军联赛决赛
巴塞罗那 3：1 曼联

　　比起两年前双方在罗马的首次交锋，温布利之战的巴萨更显从容，而梅西仍是比赛的主宰者。在双方平局僵持不下之际，中路强突后爆射建功的梅西，以"蛮不讲理"的方式驯服了"红魔"，而继两年前被梅西头球轻吊远角之后，41岁的荷兰门神范德萨，面对无解的梅西继续充当背景板。而就在梅西进球后，身经百战、宠辱不惊的弗格森爵士涨红了脸庞，双手握拳微微颤抖，发自内心的恐惧与无奈，是那个时代梅西所有对手的感受。

2009年5月2日　西甲第34轮
皇家马德里 2：6 巴塞罗那

　　攻陷伯纳乌是梅西和瓜迪奥拉问鼎六冠王的最佳前奏，而就在这场比赛前，瓜帅安排梅西出任伪9号的战术，收获了空前成功。衔枚疾进的梅西，在中路将皇马防线扯得七零八落，两度反越位推射破门的同时，梅西还颇有余暇地给队友亨利送出了助攻，这场狂野的胜利，不但令一度悬念尚在的西甲彻底失去了冠军悬念，也让那个赛季国家德比双杀对手的巴萨，就此开始了横扫八荒六合的制霸之旅。

2015 年 5 月 6 日　欧洲冠军联赛半决赛首回合
巴塞罗那 3 : 0 拜仁慕尼黑

　　首次以对手身份面对瓜迪奥拉,梅西并没有脚下留情。此前两轮淘汰赛颗粒无收的巴萨 10 号,在比赛还剩 13 分钟时,接管了比赛。他大禁区线前暴力远射,令一年前世界杯上零封自己的诺伊尔无可奈何。而 3 分钟后,梅西单挑博阿滕时鬼魅般的假动作,让后者失去重心,重重跌倒在地。"犯罪式过人"之后,挑射破门只是余兴节目。伴随着内马尔补时阶段反击一条龙得手,3 球完胜的巴萨,因梅西的瞬间火花直接锁定决赛资格。

2017 年 4 月 23 日　西甲第 33 轮
皇家马德里 2 : 3 巴塞罗那

　　没有了内马尔,梅西仍是巴萨最可靠的孤胆英雄。率先终结了国家德比 6 场进球荒的红蓝巨星,在巴萨开场落后的危难时刻稳住了军心。而当下半时他先被粗暴踩踏、后被肘击到嘴角出血时,一向对蓄意侵犯保持绝对克制的梅西,回击对手的方式仍是进球。伤停补时最后 1 分钟,球到人到的梅西包抄到位,完成读秒绝杀,在令伯纳乌鸦雀无声的同时,脱下 10 号战袍的梅西强硬地回敬了皇马:无论是诺坎普还是伯纳乌,主角有且仅有一个!

2011年4月27日 欧洲冠军联赛半决赛
皇家马德里 0：2 巴塞罗那

  一场格外残酷的兄子大战中，巴萨固然半场就损失了替补席上出言不逊的门将平托，但蹬踏阿尔维斯的佩佩与激烈质疑判罚的穆里尼奥先后被出示红牌后，梅西完成了对老对手的收割：在接应阿费莱助攻打破僵局后，梅西在常规时间还有3分钟结束时，从中圈启动连续突破4人，在行将失去身体平衡前，将球送进了卡西的十指关。国家德比的舞台转移到欧冠，但连让联赛和国王杯的巴萨，因无所不能的梅西而完成了战略决胜。

2007年3月10日 西甲第26轮
巴塞罗那 3：3 皇家马德里

  毋庸置疑，盘点任何梅西职业生涯的经典赛事，这场一波三折的国家德比，都定然会名列其中。三度领先的皇马，在多打一人的情况下只收获一场平局，梅西的输出功不可没。右路切入接应埃托奥斜传冷静推远角、接应罗纳尔迪尼奥射门左脚凌空补射中的，而比赛尾声拿球快速带球连续突破两人后禁区左侧左脚抽射，球撞入右侧边网后，梅西职业生涯的首个帽子戏法如约而至。难以置信的卡西利亚斯和满脸沮丧的卡佩罗，见证的恰是梅西借此封神，直升云霄！

梅西阿根廷队十大经典比赛

梅西 阿根廷队

2010年9月8日　国家队友谊赛
阿根廷 4：1 西班牙

　　面对世界冠军，坐镇布宜诺斯艾利斯的阿根廷队憋足劲要给对手下马威，而梅西与特维斯的矮人锋线，从开场就令皮克和马切纳的中卫组合顾此失彼，开场仅10分钟，梅西接应特维斯直塞后左翼切入到小禁区左角，吸引皮克与雷纳后巧妙挑射破门，电光石火间启动的梅西，恰好避免了落入西班牙队的越位陷阱。而得益于梅西的打破僵局，士气大振的"潘帕斯雄鹰"上半时就3比0领先，全场4比1的大胜，这是4年内包揽3座洲际赛事奖杯的"斗牛士军团"最惨痛一败。

2012年10月12日　2014世界杯南美区预选赛
第9轮　阿根廷3：0乌拉圭

　　这是一场真正的南美锋线王者对决，梅西、伊瓜因和阿奎罗，对垒苏亚雷斯、卡瓦尼和弗兰。在经历上半时激烈的兑子后，比赛在最后25分钟进入梅西的统治时段：第66分钟，阿奎罗巧妙漏球，迪马利亚禁区左肋顺势传球，梅西近距离铲射破门打破僵局；9分钟后梅西精妙挑传至禁区左肋，无人防守的迪马利亚顺势横传，阿奎罗包抄轻松推射得手；5分钟后阿奎罗被戈丁放倒，梅西主罚24米处任意球从人墙底下钻过滚入近角。这场美轮美奂的进球演出，主角有且仅有梅西。

2006年6月16日　世界杯小组赛
C组第二轮　阿根廷6：0塞黑

　　在胜负已无悬念的情况下，第73分钟，佩克尔曼换上了球迷期待许久的梅西，而顶替马克西·罗德里格斯的阿根廷19号，上场后便展现出未来核心的潜质：在突破制造杜利亚伊犯规博得前场任意球后，梅西接应里克尔梅快发球左路下底，瞅准禁区内跟进的克雷斯波慷慨横传，后者跟进推射笑纳大礼。距离常规时间还剩2分钟，梅西再度制造惊喜，这一次阿根廷队前锋特维斯在禁区前沿横推，后发先至的梅西得球突入禁区轻松推射破网。生涯首次世界杯亮相，收获传射的梅西让所有球迷都眼前一亮。

梅西 阿根廷队

4

2008年8月23日 2008北京奥运会男足决赛
阿根廷 1：0 尼日利亚

  北京35℃的正午12点，为卫冕奥运金牌而战的阿根廷队，面对更适应炎热气候的尼日利亚队，一度表现得进退失措。但灼热的阳光，并没有浇灭梅西的斗志，在度过略显无所作为的上半时后，下半时第12分钟，梅西中圈持球回旋摆脱后分向左路，默契十足的迪马利亚得球后快速突破，面对出击的门将果断吊射入网。这是梅西和焦不离孟的"天使之翼"在国家队10年默契的开端，而凭借梅西的助攻，自1984年奥运会男足项目向职业球员开放至今，阿根廷队首次完成了卫冕，梅西本人也完成了青年级别赛事的全满贯。

5

2017年10月10日 2018世界杯南美区
预选赛第18轮 厄瓜多尔 1：3 阿根廷

  此战之前，梅西已经连续4场国家队赛事一无所获，而在倒数第二轮被秘鲁逼平后，预选赛收官战阿根廷队必须取胜才能确保直通俄罗斯。然而，开场仅1分钟，坐镇高原主场的厄瓜多尔就首开纪录，退无可退的阿根廷队，终究要靠梅西解决问题。面对稀薄的氧气和无处不在的贴身防守，梅西仍旧站了出来，包抄抢点、自抢自射、精妙吊射，梅西包办了阿根廷队全部3个进球，一己之力挽回败局的同时，本场梅西不遗余力地参与防守和组织，几近精疲力竭。在国家队"散步"这样的论调，可以休矣！

**2014 年 6 月 25 日 2014 世界杯 F 组
第三轮 阿根廷 3：2 尼日利亚**

　　赛前两队均已出线，没了战绩包袱的尼日利亚人，反倒比阿根廷队更加放得开，但梅西仍率先镇住了对手的气焰：开场将迪马利亚中柱射门补进球网后，梅西成为 1958 年奥雷斯特·科巴塔之后，第二位世界杯 3 场小组赛每场都进球的阿根廷人。146 秒打破了梅西个人生涯此前 161 秒的最快进球纪录。而在尼日利亚扳平后，半场结束前梅西 25 码处任意球再射右上角，恩耶亚马只能目送球入网。最终阿根廷队在进球大战中以 3 比 2 胜出，梅西完成了当届世界杯个人的全部进球。

梅西 阿根廷队

7

2016年6月25日　百年纪念美洲杯半决赛
阿根廷 4 : 0 美国

　　此前收获 4 连胜的阿根廷，半决赛仍旧势不可当，面对"山姆大叔"松散的防线，在拉维奇首开纪录后，梅西的表演时刻如约而至：第 31 分钟，梅西中路突破制造任意球，左脚送出完美弧线的他主罚建功，打入代表"蓝白军团"的第 55 球，就此超越巴蒂斯图塔，成为阿根廷队史射手王；第 86 分钟，梅西前场断球后无私分球，伊瓜因轻松梅开二度，最终阿根廷队 4 球血洗对手，梅西也借此完成了个人在国家队的又一里程碑。

8

2018年6月26日　2018世界杯 D 组
第三轮 阿根廷 2 : 1 尼日利亚

　　身为阿根廷队征战世界杯羁绊最多的对手，逢阿必败的"绿鹰"在这一天也没能例外。尽管此前两场小组赛仅得 1 分的阿根廷队不赢球就将回家，但前两场一无所获的梅西，终于在此刻扬眉剑出鞘：巴内加中场送出过顶斜长传，梅西大腿停球后左脚一趟，小角度右脚抽射得手，阿根廷队先声夺人。但下半时风云突变，尼日利亚队凭借点球扳平比分，游走在出局边缘的阿根廷队，终于等到了福星救驾，罗霍禁区内右脚凌空抽射破门，再度让"蓝白军团"看到上岸曙光。补时阶段，梅西甚至不惜拖延时间吃到黄牌，为球队继续前进，五届金球奖得主在这一刻付出了自己的一切。

226

2005年6月30日　2005世青赛半决赛
阿根廷 2：1 巴西

首次为国出战便摘金而归，2005年世青赛上的梅西在半决赛迎来了整届赛事个人最高光时刻：第6分钟梅西连续横向带球闪开两名巴西后卫后，起左脚重炮将球射入球门死角。而当巴西队倾巢而出并依靠任意球扳平比分后，又是梅西挺身而出，在补时第2分钟左路连续突破传中，造成"桑巴军团"防线混乱，此后的多年战友萨瓦莱塔补射完成绝杀。全场比赛，魔术师般的梅西但凡球在脚下，总能给对手制造莫大威胁，梅西在这一天的光芒令所有人黯然失色。

2012年6月11日　国家队友谊赛
阿根廷 4：3 巴西

从青年队到成年队，梅西虽然在和巴西队的多次交锋中先赢后输，但2012年独揽91球的神奇年度，"桑巴军团"不幸又成了梅西的"刀下之鬼"。在酷热的新泽西大都会人寿保险球场，开场半小时梅西就接应伊瓜因直塞单刀破网，3分钟后他梅开二度。而进入下半时，双方战平的胶着时刻，又是梅西神兵天降：他在中场接球后先过掉马塞洛杀向对方禁区，在禁区附近再度甩脱对方围追堵截，单挑巴西门将拉斐尔建功。座无虚席的球迷集体起立为梅西鼓掌欢呼。

梅西单赛季出场

赛季	西甲出场数	西甲进球数	欧冠出场数	欧冠进球数	国王杯出场数	国王杯进球数
2020-2021	35	30	6	5	5	3
2019-2020	33	25	8	3	2	2
2018-2019	34	36	10	12	5	3
2017-2018	36	34	10	6	6	4
2016-2017	34	37	9	11	7	5
2015-2016	33	26	7	6	5	5
2014-2015	38	43	13	10	6	5
2013-2014	31	28	7	8	6	5
2012-2013	32	46	11	8	5	4
2011-2012	37	50	11	14	7	3
2010-2011	33	31	13	12	7	7
2009-2010	35	34	11	8	3	1
2008-2009	31	23	12	9	8	6
2007-2008	28	10	9	6	3	
2006-2007	26	14	5	1	2	2
2005-2006	17	6	6	1	2	1
2004-2005	7	1	1		1	

进球数据统计

超级杯出场数	超级杯进球数	世俱杯出场数	世俱杯进球数	欧洲超级杯出场数	欧洲超级杯进球数
1					
1	1				
1					
2	1				
2	1				
2	1	1	1	1	2
2					
2	2				
2	3	2	2	1	1
2	3				
1	2	2	2	1	
2				1	

229

梅西巴萨数据统计

赛事	总出场数	总进球数	总助攻数
西甲	520	474	217
欧冠	149	120	42
国王杯	80	56	36
西班牙超级杯	20	14	6
世俱杯	5	5	1
欧洲超级杯	4	3	3

梅西荣誉汇总

欧冠冠军：4次

西甲冠军：10次

国王杯冠军：7次

超级杯冠军：8次

世俱杯冠军：3次

欧洲超级杯冠军：2次

美洲杯冠军：1次

奥运会冠军：1次

U-20世界杯冠军：1次

金球奖：6次

国际足联世界足球先生：6次

欧洲足联欧洲最佳球员：2次

欧足联俱乐部足球先生：1次

欧洲金童奖：1次

劳伦斯世界体育奖最佳男运动员奖：1次

西甲年度最佳球员：10次

西甲金靴：8次

欧冠最佳射手：6次

国王杯最佳射手：5次